# 裁判員裁判のいま
―― 市民参加の裁判員制度7年経過の検証 ――

濱田　邦夫・小池振一郎・牧野　茂　編著

*Status of Saiban-in Trials in Japan*
―― *A 7-year review of citizen participation in the criminal justice system* ――

Edited by : Kunio HAMADA・Shin'ichirō KOIKE・Shigeru MAKINO

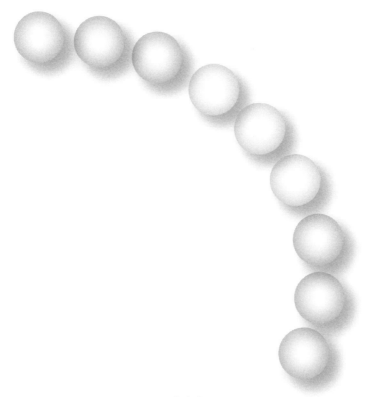

成文堂

## 推薦のことば

　私は、残念ながら裁判員裁判を裁判官としても弁護士としても経験していない。裁判員裁判発足をひかえ、東京地裁で行われていた模擬裁判の多くを傍聴したが、その際、濱田先生ご夫妻にお目にかかったのがきっかけで、先生が主唱される裁判員経験者ネットワークの設立に関心をもち、牧野先生のおすすめで当初若干のかかわりをもっただけでその後同ネットワークの活動を遠くから見守っていたにすぎない。そのような私が濱田先生、牧野先生、小池先生らによる本書の推薦文を書くのは、いささか場違いで荷が重いところである。しかし、この運動が当初必ずしも順調な出だしではなく、最高裁当局もあまりコミットしようとしなかったのに、裁判員裁判経験者の交流会を地道に続け、それから7年の年月の間に多くの裁判員経験者の生の声を取り上げ、有益な提言を行ってきたことは、心から感服するところであり、その先見の明には頭が下がる思いである。裁判員の心の負担の問題については、当初軽視されていたきらいがある。裁判所もまずは裁判員裁判のスムーズな実施に心を砕き、裁判員が抱くストレスには気が回らなかったのであろう。しかし、裁判員経験者ネットワークによる運動等を通して、この問題に社会の関心も深まり、例えば、残酷な証拠の取り扱い等で裁判員の心の負担にも配慮がはかられるようになった。裁判員経験者ネットワークは、法律家だけではなく、裁判員経験者はもちろん、臨床心理士の方々の関与協力がその最大の特徴であり、また、それが大きな成果につながっている。本書第2部にその一端が示されている。ことに、臨床心理士の裁判員裁判体験談は、秀逸である。「他者を裁く資格があるのか」、「自分が被告人席にいたら、何を考えるだろう。」と自問し、その心理的混乱を客観的に率直に述べている。そして、「裁判員裁判を体験して良かった。」と結んでいる。裁判員経験者への聞取りも極めて興味深い。そこには、被告人がどういう人間なのか、被告人が今後どのような人生を歩むのかについて深い思い入れが語られている。概して、裁判官への評価が高いが、必ずしも評議が分かりやすいものになっていない場合もあるようだ。裁判官にも必読の書である。

推薦のことば

　このように、本書は、7年間の裁判員経験者ネットワークの運動の到達点を示すとともに、将来への展望をうかがわせるものでまさに時宜に適した出版であると確信し、ここに僭越ではあるが本書を推薦する次第である。

2017（平成29）年4月

　　　　　慶應義塾大学大学院法務研究科（法科大学院）客員教授・弁護士

　　　　　　　　　　　　　　　　　　　　　　　原　田　國　男

# はしがき

　市民が刑事裁判の審理と判決に参加するという画期的な制度が、2009（平成21）年に実現した。開始当初は制度への期待と不安が同時にあったが、まずまずのスタートを切ったとされていた。

　裁判員制度が始まってみると、市民参加の実現の必要から、短期集中審理の公判中心主義、口頭主義になり密室の取調べ調書は比重が後退し、この点が最初の功績とされた。また、判決後の更生や処遇を考慮した判決が増加し、無罪推定の原則が実現したといえる判決も注目を集めている。

　他方で課題も山積みである。例えば、集中審理による被告人の防御権保障の点を考慮した準備のための打合せの必要性から、要件を満たさない身柄拘束である勾留の弊害や起訴後も否認すると保釈を認めない人質司法の課題がより鮮明となっている。

　裁判員制度を支える裁判員の心理的負担も当初から懸念された。また市民の常識が反映されるはずの評議が、刑罰付きの守秘義務規定でブラックボックスとされ、市民に共有されず裁判員経験者が孤立することも憂慮された。

　これらの課題を少しでも解決するために弁護士の一部と臨床心理士やカウンラーと裁判員経験者有志が、2010（平成22）年８月に「裁判員経験者ネットワーク」を設立して裁判員経験者の交流会を開催し、現在も２か月に１回続けている。また、課題の立法的解決も日弁連で検討を続けている。

　幸い裁判員制度は課題を含みつつも刑事裁判を改善していると一般的に評価されているようである。

　本書は、裁判員制度７年を経た段階で、裁判員経験者ネットワークのメンバーがこの制度の評価すべき点と課題を、裁判員経験者の生の声を伝えつつ、これまでの当ネットワークの活動も振り返り、同時に裁判員制度の課題解決への努力の軌跡を見直そうと共同執筆したものである。

　読者層としては裁判員になるかもしれない市民をまず想定したが、内容としては裁判員裁判に関与する法曹三者や研究者にも読んでいただけるものを目指そうとしたものである。

はしがき

　本書が、裁判員制度の7年の軌跡のひとつの記録として、裁判員制度の評価を再確認していただくとともに、未解決の課題をともに考えるきっかけになれば幸いである。

　また、まだあまり社会で知られていない裁判員経験者ネットワーク等の裁判員経験者の交流会にひとりでも多くの経験者が参加していただくことで、孤立から救われ体験を社会で共有できることを執筆者一同期待している。

　最後に、本書の出版に当たっては、成文堂の阿部成一社長に温かなご配慮をいただいた。また、編集部の田中伸治さんには、校正、編集等をはじめ全体にわたりお世話になった。厚く御礼を申し上げたい。

2017（平成29）年3月

編者一同

目　次

推薦のことば ………………………………………………………………… *i*
　　　　　　　　　　　　　　　　　　　　　　　　原田　國男
はしがき ……………………………………………………………………… *iii*

## 裁判員制度と刑事司法──人間を扱う裁判と受刑者の処遇（矯正から共生へ）──

　　　　　　　　　　　　　　　　　　　　　　　　濱田　邦夫
　はじめに ……………………………………………………………………… *1*
　1　刑事裁判における被告人の「人間像」──司法臨床の視点── …… *2*
　2　行刑について──矯正から共生へ ……………………………………… *4*

# 第 1 部　裁判員裁判の展開

## 第 1 章　体験者から見た裁判員裁判

### 第 1 節　裁判員経験者の体験 ……………………………………………… *9*
　　　　　　　　　　　　　　　　　　大城　　聡＝坂上　暢幸
　1　裁判員体験共有の必要性 ………………………………………………… *9*
　2　裁判員になるまで──選任手続── ………………………………… *10*
　　(1)　裁判員候補者名簿記載通知　(10)　(2)　呼 出 状　(10)
　　(3)　裁判所に呼び出された当日　(11)
　3　裁判員に選ばれて ……………………………………………………… *11*
　　(1)　裁判にかかる日数と時間について　(11)
　　(2)　戸惑いと緊張の中で──突然選ばれて──　(12)
　　(3)　仕事・家事と裁判員　(13)

目　　次

　　(4)　審理――わかりやすさをめぐって――《14》
　　(5)　評議――評議室の雰囲気――《15》
　4　裁判員を終えて………………………………………………… 16
　　(1)　判決後の記者会見《16》
　　(2)　被告人の「その後」――控訴を考える――《17》
　　(3)　被告人の「その後」――更生を考える――《18》
　　(4)　人の人生を決める重みと問い《19》　(5)　死刑と向き合う裁判員《20》
　　(6)　変化の中にある裁判員経験者《21》
　　(7)　人を変える裁判員経験――考え方、行動の変化へ――《21》
　5　裁判員体験と共有の意義……………………………………… 22
　　(1)　次の裁判員へバトンをつなぐこと《22》
　　(2)　裁判員経験が社会に共有されない――守秘義務の壁――《23》
　　(3)　交流組織の意義《24》　(4)　おわりに《25》

**第2節　3名の裁判員体験談** …………………………………………… 26

　　　　　　　　　　　　　　　　　　　　　　　　　　　牧野　　茂

　1　千葉地裁Ａさんからのインタビュー（平成24年7月20日実施）…… 26
　　序論　インタビューの趣旨《26》
　　(1)　最初の質問(自己紹介兼ねて)どんな事件で何日間裁判員を務めましたか《26》
　　(2)　選任手続まで《26》　(3)　審理開始初日《28》　(4)　2日目以降《30》
　　(5)　論告、弁論《31》　(6)　評　　議《31》　(7)　守秘義務について《33》
　　(8)　記者会見について《34》　(9)　審理終了後《34》
　　(10)　裁判員経験者の相互交流について《35》
　　(11)　これから裁判員になる人への助言《36》
　　(12)　今後の裁判員経験者の役割《37》
　　(13)　その他裁判員経験者の体験や課題について自由にお書きください《37》
　2　小田さん、松尾さんからのインタビュー（平成24年5月10日実施）…… 38
　　序論　インタビューの趣旨《38》
　　(1)　最初の質問(自己紹介兼ねて)どんな事件で何日間裁判員を務めましたか《38》
　　(2)　選任手続まで《38》　(3)　審理開始初日《39》　(4)　2日目以降《40》
　　(5)　論告、弁論またはそれまでの審理での検察官、弁護人の印象《41》

(6)　評　　　議（41）　(7)　守秘義務について（43）

　　(8)　記者会見について（44）　(9)　審理終了後（44）

　　(10)　裁判員経験者の相互交流について（45）

## 第2章　裁判員裁判の仕組み　　　　　　　　　　　大城　聡

　1　裁判員制度の概要 ……………………………………………………… 47

　　(1)　刑事裁判への市民参加（47）　(2)　裁判員の選ばれ方（47）

　　(3)　裁判員の役割（48）

　2　制度導入の経緯 ………………………………………………………… 48

　3　なぜ刑事裁判に市民が参加するのか ………………………………… 49

　　(1)　最高裁判所の見解（49）　(2)　検察庁・法務省の見解（50）

　　(3)　日本弁護士連合会の見解（51）

　4　裁判員制度の運用状況 ………………………………………………… 52

　　(1)　裁判員の選任状況（52）　(2)　裁判員裁判による判決（52）

　5　裁判員法の改正 ………………………………………………………… 53

## 第3章　裁判員体験の共有と裁判員への対応　　　牧野　茂

　1　裁判員経験者ネットワークの設立 …………………………………… 54

　2　裁判員経験者ネットワーク有志による緊急提言 …………………… 55

　3　裁判所の対応 …………………………………………………………… 56

　　(1)　裁判所の意見交換会（56）　(2)　残酷な証拠への配慮（56）

　　(3)　裁判所の広報活動（56）

　　(4)　臨床心理士を講師とする裁判官への講演（57）

　4　「明治安田こころの健康財団」からの研究助成金と論文提出 …… 57

　　(1)　助成金研究の調査と結果報告（57）　(2)　調査の結果報告（57）

目　次

# 第2部　臨床心理士とカウンセリング

## 第1章　臨床心理士から見た裁判員裁判　西村　寛子＝堀内　美穂

1　臨床心理士の登場 …………………………………………………… 61
　(1)　裁判員制度のセミナー開催（61）　(2)　模擬裁判への参加（61）
　(3)　最高裁への提言（62）　(4)　交流会の開催（62）
2　臨床心理士の裁判員裁判体験談 …………………………………… 62
　(1)　裁判員を体験して（63）　(2)　心理状態の変化（64）
　(3)　心理的負担（65）　(4)　充実感と達成感（67）
　(5)　裁判員に対する心理的負担の軽減（69）
3　裁判員体験のもたらすもの ………………………………………… 70
　(1)　選任されることの意味──日常生活への切れ目・横軸から縦軸へ・個の立ち上がり──（70）
　(2)　「私」に開かれていくこと──渾身の力を発揮する──（71）
　(3)　その深み──加害性に繋がり、開かれていくこと──（73）
　(4)　縦軸から横軸へ・日常生活への帰還（75）
　(5)　裁判員体験のその後──新しい市民意識の誕生──（75）
　〔添付資料1〕（78）
　　裁判員体験者の「心のケア」に「アフターケア・グループ」導入の提言
　　2009年5月20日
　　最高裁判所長官宛　　　　　　　　NPO法人朝日カウンセリング研究会
　〔添付資料2〕（84）
　　裁判員の心理的負担についての裁判所の対応策への緊急提言
　　2010年12月9日
　　最高裁判所長官宛　　　　　　　　裁判員経験者ネットワーク有志5名連名

## 第2章　刑事裁判とカウンセリング　濱田　華子

1　刑事被告人に対するカウンセリング ……………………………… 92
　(1)　はじめに（92）　(2)　刑事被告人に対するカウンセリングの必要性（92）

(3)　刑事被告人はどんな人たちか（93）

　2　規範意識 ………………………………………………………………… 94

　　　(1)　規範意識の形成（94）　(2)　規範意識の構成要素——ことば——（95）

　　　(3)　情緒を耕す（98）

　3　カウンセリングの実際 ………………………………………………… 99

　　　(1)　面会室はどんなところか（99）　(2)　ことばが届く（100）

　　　(3)　受容される心強さ（101）　(4)　関係を結ぶ（104）

　　　(5)　法廷とは（105）

# 第3部　刑務所改革と量刑の在り方
## ——裁判員裁判と量刑を考えるために——

小池　振一郎

## 第1章　裁判員裁判による変化

　1　日本の刑事司法の在り方に変化 ……………………………………… 109

　2　量刑の変化 …………………………………………………………… 110

　3　保護観察の増加 ……………………………………………………… 111

　4　実刑判決後に関心 …………………………………………………… 112

## 第2章　日本の刑事拘禁施設

　1　刑務所の一日 ………………………………………………………… 113

　2　旧監獄法下の実態 …………………………………………………… 114

　　　(1)　厳格な規律維持を求める監獄（114）　(2)　代用監獄制度（115）

　3　監獄法改正 …………………………………………………………… 116

　　　(1)　行刑改革会議提言（116）　(2)　刑事被収容者処遇法制定（117）

　　　(3)　監獄法改正後の現場——揺り戻し——（118）

　4　刑務所のいま ………………………………………………………… 119

　　　(1)　被収容者の数（119）　(2)　重罰化の流れ（120）

　　　(3)　仮釈放の抑制（121）　(4)　高い職員負担率（123）

目　　次

　　（5）　深刻な医師不足（*123*）　（6）　再犯者の増大（*124*）

## 第3章　ヨーロッパの施設を見て

　1　ヨーロッパの施設 ……………………………………………… *126*
　2　フランスの行刑改革 …………………………………………… *127*
　　（1）　行刑改革の流れ（*127*）　（2）　市民社会を刑務所に入れていく（*128*）

## 第4章　日本の行刑改革の方向

　1　改革の方向性——更生と社会復帰の促進—— ……………… *130*
　2　医療の独立を …………………………………………………… *131*
　3　賃金制の導入を ………………………………………………… *131*
　4　健康保険・雇用保険・労災保険の適用を …………………… *132*
　5　薬物使用者の治療 ……………………………………………… *133*
　6　施設内処遇と社会内処遇の連携——民間人の活用—— …… *133*
　　（1）　矯正と保護の連携（*133*）　（2）　専門家との連携（*134*）
　7　現在進行中の改革 ……………………………………………… *135*
　　（1）　PFI刑務所の出現（*135*）　（2）　長崎地検などの更生支援（*136*）

## 第5章　裁判員裁判と量刑の在り方

　1　刑罰の目的 ……………………………………………………… *137*
　2　量　　　刑 ……………………………………………………… *138*
　　（1）　量刑相場（*138*）　（2）　無期刑もない国（*138*）
　　（3）　量刑の相対性（*139*）
　3　重罰化への疑問 ………………………………………………… *139*
　4　裁判員の量刑関与について …………………………………… *141*
　　（1）　裁判員が量刑に関わるメリット（*141*）
　　（2）　裁判員裁判の上級審での見直し（*142*）
　　（3）　裁判員裁判と死刑判決（*144*）

目　次

# 第4部　裁判員裁判の成果と課題

## 第1章　裁判員裁判の成果　　　　　　　　　　　牧野　茂

1　口頭主義、直接主義の徹底 …………………………………… 147
　(1)　市民参加の影響（147）　(2)　書証から尋問へ（148）
　(3)　訴訟関係人の工夫（148）
2　弁護人への証拠開示の拡大 …………………………………… 149
3　無罪推定原則の実現 …………………………………………… 151
　(1)　千葉地裁チョコレート缶事件（覚醒剤密輸事件）（151）
　(2)　東京地裁住居侵入・窃盗・現住建造物放火事件（152）
　(3)　鹿児島地裁強盗殺人等死刑求刑事件（153）
4　判決後の被告人の行刑や更生まで考慮する判決の増加 …… 155
5　刑事事件や犯罪を他人ごとでなく自分たちの問題と捉える意識 … 155

## 第2章　裁判員裁判の課題　　　　　　　　　　　牧野　茂

### 第1節　立法面・運用面での課題 ……………………………… 156

1　防御権の保障 …………………………………………………… 156
　(1)　裁判員制度に伴う課題（156）　(2)　全面証拠開示への法改正（157）
2　評議の守秘義務 ………………………………………………… 157
　(1)　評議の守秘義務（157）　(2)　守秘義務規定の弊害（157）
3　裁判員の心理的負担軽減の必要性 …………………………… 158
　(1)　裁判員の職務遂行に伴う心理的負担（158）
　(2)　心理的負担のデータ（159）　(3)　対策の必要性（159）
4　死刑事件──死刑事件を対象事件とすべきか── ………… 160
5　事実認定の審理と量刑手続との二分論 ……………………… 160
6　裁判員裁判の対象事件 ………………………………………… 160
7　裁判員裁判と上訴審の関係
　──裁判員裁判での無罪判決が高裁で逆転有罪とされる問題── …… 161

xi

目　　次

## 第2節　こころの負担ケアと評議の秘密の弊害の運用面の改善 …………162
　はじめに …………………………………………………………………162
　1　裁判員経験者ネットワークの設立 …………………………………162
　2　裁判員経験者ネットワークの活動状況 ……………………………163
　　(1)　第1回交流会（163）　(2)　その後の交流会活動（163）
　　(3)　最高裁への緊急提言（163）　(4)　市民集会開催（163）
　　(5)　裁判員経験者ネットワークの組織化、会則の制定（164）
　　(6)　「刑務所の今」シンポジウムの開催――ACOと共催――（164）
　　(7)　裁判員裁判とカウンセリング（164）
　3　「明治安田こころの健康財団」からの研究助成金と論文提出 ………164
　　(1)　助成金研究の対象に選出（164）
　　(2)　助成金研究の調査・研究の開始（164）

## 第3節　課題への日弁連の提言 …………………………………………179
　1　3年後見直しに向けた立法提言 ……………………………………179
　はじめに …………………………………………………………………179
　　1　守秘義務規定の改正提言 …………………………………………179
　　【改正その1】～守秘義務規定自体の法改正～（179）
　　(1)　評議がブラックボックスになっていることの重要な弊害（179）
　　(2)　守秘義務規定の立法理由の重要性の再検討と弊害の重大性との対比（179）
　　(3)　この守秘義務罰則大幅軽減提言を実施する場合の課題について（181）
　　(4)　立法化した場合の運用面での注意点（182）
　　【改正その2】～第三者検証機関の設置～（182）
　　(1)　設置場所（182）　(2)　基本構成員（183）
　　(3)　裁判員からの情報収集の方法（183）
　　(4)　収集した情報の処理管理と結果の公表（183）
　　2　裁判員の心理的負担軽減への意見書 ……………………………183
　　【意見の趣旨】（183）
　　(1)　法律の制定――裁判員法102条の2（心理的負担に関する保護措置）（183）
　　(2)　規則の制定（183）
　　【意見の理由】（184）

3　死刑の量刑判断に関する意見書……………………………………… *184*
　　　【意見の趣旨】(*185*)　【意見の理由】(*185*)
　　4　公訴事実に争いのある事件における公判を二分する規定の新設 … *186*
　　5　裁判員裁判対象事件の拡大 …………………………………………… *187*
　　6　証拠開示規定の拡大 …………………………………………………… *187*
　　7　被告人側に公判前整理手続に付することの請求権を認める法改正 … *187*
　　8　少年逆送事件の裁判員裁判に関する意見書 ………………………… *188*
　　9　裁判員に対する説明に関する規定の改正 …………………………… *188*
　2　東京三弁護士会の日弁連提言に関するパネルディスカッション … *188*
　　(1)　はじめに (*188*)　(2)　集会の目的と構成 (*189*)
　　(3)　第1部前半の裁判員経験者の体験報告 (*189*)
　　(4)　第1部後半の日弁連提言の説明 (*191*)
　　(5)　第2部　パネルディスカッション (*192*)　(6)　おわりに (*193*)
　〔添付資料〕課題から日弁連提言等へのチャート（牧野作成配付資料）(*194*)

## 第4節　法務省検討会の対応と政府改正案 ……………………………… *197*
　1　裁判員法の改正案 ……………………………………………………… *197*
　2　政府改正案には全く日弁連三年後見直し提言は採用されなかった … *197*
　　(1)　守秘義務 (*198*)　(2)　裁判員の心理的負担 (*198*)

## 第5節　公開模擬評議 ……………………………………………………… *199*

# 第3章　裁判員制度から引続くべき刑事司法改革　　小池振一郎

## 第1節　刑事司法改革への歩み …………………………………………… *200*
　1　日本の刑事司法制度の問題点 ………………………………………… *200*
　2　司法制度改革審議会最終意見書 ……………………………………… *200*
　3　法制審新時代の刑事司法制度特別部会の設置 ……………………… *201*
　4　法制審答申 ……………………………………………………………… *202*

## 第2節　刑事訴訟法等の一部改正法 ……………………………………… *204*
　1　取調べの録音・録画 …………………………………………………… *204*
　　(1)　録音・録画対象事件の限定 (*204*)　(2)　部分録画の問題 (*204*)
　　(3)　ビデオ録画の実質証拠化の問題 (*206*)

目　　次

 2　証拠開示 …………………………………………………… *207*
 3　通信傍受対象の拡大 ……………………………………… *208*
 4　司法取引（捜査・公判協力型協議・合意制度）………… *209*
 5　改正法の評価 ……………………………………………… *209*
第3節　刑事司法改革の視点〜よりよい裁判員裁判のために ………… *210*

## 第4章　裁判員制度の課題解決の立法提言　　　　　牧野　　茂

 1　防御権の保障 ……………………………………………… *212*
  (1)　裁判員制度に伴う課題（*212*）　(2)　全面証拠開示への法改正（*213*）
 2　守秘義務 …………………………………………………… *213*
  (1)　改正の必要性（*213*）　(2)　日弁連改正提言の問題点（*214*）
  (3)　より優れた改正案へ（*214*）
  (4)　評議の守秘義務弊害除去の法律改正（*214*）
 〈その1〉〜裁判員法70条の評議の守秘義務規定の改正〜（*214*）
 〈その2〉〜中立的第三者検証機関の設置と活用（*216*）
 3　死刑事件 …………………………………………………… *218*
  (1)　死刑事件を対象事件とすべきか（*218*）
  (2)　評決要件を単純多数決より厳重に（*219*）
 4　事実認定の審理と量刑手続との二分論 ………………… *219*
 5　裁判員裁判の対象事件 …………………………………… *220*
 6　裁判員裁判と上訴審の関係 ……………………………… *221*
  (1)　裁判員裁判での無罪判決が高裁で逆転有罪とされる問題（*221*）
  (2)　立法提言
   ──裁判員裁判で無罪とされた事件についての検察官控訴の禁止──（*222*）
 7　おわりに
  ──裁判員制度開始から7年を経ての評価・課題と今後の展望── …… *225*

# 裁判員制度と刑事司法
―― 人間を扱う裁判と受刑者の処遇（矯正から共生へ）――

濱田　邦夫

## はじめに

　裁判員制度が始まってから7年半余が経った。2016年9月末までに、約7万人以上の市民が裁判員または補充裁判員（以下、まとめて「裁判員」ともいう。）として裁判員裁判に関与し、約1万人の被告人に対し判決、決定その他の終局処分がなされている。この制度が我が国の司法制度に上手く根付くかどうか当初危ぶまれたり、この7年余間でいろいろな問題点が浮かび上がったりしているが、総体的にいえば、予想を上回って、かなり上手く機能しているといえる。これは、選任された裁判員たちが真面目であるという日本人の国民性と、制度運営についての裁判所をはじめとする法曹関係者の真摯な努力によるところが大きい。

　裁判員体験者の「心のケア」の問題は、当初からの指摘にもかかわらず、（裁判員裁判に参加して心的障害を負ったとする裁判員経験者からの、裁判員制度違憲訴訟の提起により、裁判所がようやくこの問題に対処しようと動き出した気配はあるが）大きな進展を見せていない。また、これと関連する裁判員に課されている過重な「守秘義務」の問題も手付かずである。裁判員裁判の平均審理日数が延びている中で、裁判員選任辞退割合が増えていることも、上記の問題と関連している。この他にも本書中で扱われているように、制度上のいろいろな問題点が指摘されている。

　一方、裁判員裁判では「疑わしきは無罪」とか「口頭弁論主義」といった刑事司法の大原則へのかなりの立ち返りがみられる。また審理期間の集中と短縮といった刑事司法の変貌は、一般の市民に開かれた、分かりやすい司法の形という意味で、他の刑事裁判にも、また間接的に民事裁判へも影響を及

ぼしている。さらに、裁判員は、自分で考えかつ自分の意見を発表するという体験を通じて、裁判とは何か、刑罰とは何かという問題を身近に考える良い機会となっている。これは司法への市民参加による民主主義の基盤の確立にも繋がっていて、裁判員を経験する事によって「市民」が誕生していると評価できる。

ここでは、本制度が明らかにした刑事裁判における被告人の「人間」像の問題と行刑の在り方についての二つの問題を取り上げる。

## 1 刑事裁判における被告人の「人間」像──「司法臨床」の視点──

裁判員裁判で事実認定だけでなく量刑にも関与する裁判員たちの関心の一つの焦点として、被告人の人間像をどのように理解するか、という問題がある。これまでの法曹三者による刑事裁判は、ややもすれば膨大な事件をいわば流れ作業的に処理するきらいがあった。起訴事実の構成要件該当性と犯人性が審理の中心になることは当然ではあるが、被告人の「人間」としての個別性については「副次的」に扱われ、被告人は統計上の数字としか扱われていないのではないかという疑いがあった。

このような刑事裁判に関与する裁判官は、かなり似たような家庭環境で育ち、いわゆる高等教育を経たエリートと目される人々が中心で、社会の実相には主として担当する裁判を通じてしか接していない。検察官も似たようなものであり、また弁護士もさほど違っていない人々が大半である。他方、刑事被告人の出自や教育程度、および人生経験は、これら法律のプロである法曹たちとはかなり異なっている。裁判員たちは、このギャップの中間に位置するともいえる。

裁判員たちは、裁判員裁判という事実上一生に一度ともいえる体験において、被告人の身上（人間像）に強い関心を持つ。一体この被告人はどういう人間で、なぜこの「犯罪」に関与したとして起訴されるに至ったのだろうか、を自分自身や家族等と引き比べて考える。この被告人の人間像をどう捉えるかは、量刑の場面だけではなく、事実認定の過程にも影響していると考えられる。

長年にわたり家庭裁判所で調査官をした臨床心理士の廣井亮一・立命館大

## 1　刑事裁判における被告人の「人間」像——「司法臨床」の視点——

学大学院文学研究科教授は、つとに家庭裁判所における少年事件や家事事件の問題解決に必要とされる「法的アプローチ」と「心理臨床的アプローチ」の交差領域を「司法臨床」と定義することを提唱している。その著書[1]で、家庭裁判所は、その臨床的機能により、事件や紛争としての「行為」だけではなく、その水面下にある「人」や「人と人との関係」という大きな塊を視野にいれることになったとし、また少年非行につき、非行という「悪い行為」を法による規範で制限しつつも、非行少年が示す「悪」の側面に向かい合うことで、少年の総体を受け止め……そうしたかかわりによって非行少年という「悪の部分としての少年」が「総体としての少年」に再生し更生に向かう、と説く。

　この再生と更生に向かうプロセスについては、少年事件と成人の刑事事件とで本質的な差はない。刑事被告人は、それまでの人生で「ありのままの自分」を「受容（受入れ）」してもらった経験（ないし大切に扱われた経験）が全くないか、ほとんどない人々といえる。被告人を人間として受け入れ、社会の一員としての人間として再生させるためには、臨床心理的アプローチが素晴らしい効果をあげる。本書中に、裁判員裁判の被告人のカウンセリングでその実例が紹介されている。被告人の単なる上辺だけの「反省」（言葉でも文章でも）では、被害者やその関係者、また裁判員たちの「こころ」に届かない。被告人の内面からの変化を促すために、資格あるカウンセラーの役割は大きく、また人間の臨床心理的理解が可能な弁護士その他の法曹の存在も必要である。

　これまでの法曹教育や法曹資格取得後の研修では、人間の「こころ」の仕組みについてほとんど取り上げられていない。第二東京弁護士会では、裁判員センターの臨床心理プロジェクト・チームが、外部のカウンセラー団体の協力を得て、5年以上前から年一回の臨床心理と弁護活動についての学者等の臨床心理専門家による講演会と年各5回シリーズの実務的な研修会を実施し、それなりの成果を得ている。裁判官や検察官についても同様の研修が望

---

（1）　廣井亮一『司法臨床入門［第2版］——家裁調査官のアプローチ』（2012年、日本評論社）。

まれる。

## 2 行刑について——矯正から共生へ——

　裁判員たちのもう一つの関心は、自分たちが関与した一審判決がその後確定までどのような経緯をたどるかということと同時に、判決確定後の受刑者がどのような処遇を受けるかにある。つまり、刑の執行（受刑者の処遇）についての関心である。量刑判断にあたっても、執行猶予でなく実刑判決になったらこの被告人は刑務所でどう扱われるのかということが考慮されている、といえる。

　2006年5月24日に施行されたわが国の受刑者処遇の基本法となる「刑事収容施設及び被収容者等の処遇に関する法律」は、受刑者処遇の原則について、「受刑者の処遇は、その者の資質及び環境に応じ、その自覚に訴え、改善更生の意欲の喚起及び社会生活に適応する能力の育成を図ることを旨として行うものとする。」（30条）と規定している。これは、わが国での刑罰の目的・機能が、社会を防衛するための当該犯罪に見合う応報刑であるとともに、受刑者の社会復帰を目指す更生教育をする教育刑でもあることを示している。

　これまでのわが国の行刑は、少数の刑務官で多数の受刑者を収容・管理することを優先させた、軍隊式の規律重視のもので、現実には受刑者の社会復帰のための、一人一人の人間としての再生および更生のための効果ある「教育」はほとんど行われていなかった。受刑者に刑務官を「先生」と呼ばせ、受刑者を型に嵌めて従わせ、「矯正」しようとする、父権的な伝統が根付いている（これは、わが国の学校教育や家庭教育にもみられる傾向である）。

　残念ながら、我が国の矯正施設出所者の再犯率が50％近い（ノルウェーは約16％といわれている）現状では、「矯正」が所期の成果を挙げていないといわざるを得ない。その理由としては、刑務所が、仮釈放でまたは刑期を終えて釈放されても生活してゆけない高齢者・障がい者たちの事実上の保護施設化しているという実態の他に、矯正施設における処遇が収容者全体の規律保持・管理に重点を置いており、受刑者を「一人の人間」として更生に導くための効果的な活動が充分になされていないためである。すなわち被収容者

は、仮釈放を得るための点数を上げるため、表面的な「反省」を繰り返しつつ、刑務官の指示にひたすら従うことを旨とする日常を送っており、自分の内面を見つめて自分の犯した犯罪につき真剣に向き合う機会を充分に与えられていない。ごく少数の臨床心理専門家が篤志面接委員[2]として受刑者に「正面から向き合う」活動をしており、また最近の幾つかのPFI方式の刑務所（社会復帰センター）で受刑者同士のグループワークが導入されているのが例外である。詩人で小説家の寮美千子さん編集の『空が青いから白をえらんだのです――奈良少年刑務所詩集』（2010年、長崎出版）で紹介されている事例も、その例外の一つである。これは、服役中の少年たちの更生教育（社会性涵養プログラム）の一つとして、彼らに詩を書いてもらう授業をし、彼らは自分の「ことば」を発見することにより、心を開き、社会との繋がり方を学び、人間として再生していくのである。

　内外の諸問題に直面している日本社会にとって、再犯率を低下させ、犯罪による社会的コスト（被害者等の経済的・身体的・精神的負担等）および刑事司法・行刑のコスト（法曹関係者の時間と税金の使用）を減らすことが必要である。そのためには、受刑者たちが、自分自身と真摯に向き会って、自分の犯した罪を理解し、社会の一員として共生できるよう、一人の人間として立ち直ることが必要である。

　坂上香監督のドキュメンタリー映画「ライファーズ　終身刑を終えて」（2004年）及び「トークバック　沈黙を破る女たち」（2013年）では、アメリカの刑務所の内外で受刑者や元受刑者が、グループワークによるシェアリング（経験の分かち合い）や演劇活動を通じて、自分自身と向き合い、人間として再生していく様が、いきいきと描かれている。彼らが社会と共生していくためには、まず彼ら・彼女らがあるがままの自分自身に向き合い、これを受け入れ（受容し）、そして自分自身と共生することを学ぶ必要があるのである。

　来談者（クライエント）中心療法[3]の創始者として知られる米国の臨床心理

---

（2）『凶悪犯罪者こそ更生します』（2014年、新潮社）の著者岡本茂樹委員等。
（3）カウンセラーの知識司式や権威に頼るよりは来談者（クライエント）を全面的かつ肯定的に受け入れて傾聴し、共感を持って理解しようとする試みにより、来談者自らの気づきや成長を促す心理療法。

学者カール・ロジャーズ[4]が半世紀以上前の1961年に来日した際、法務省で検察官、保護観察官、犯罪学者たちを対象とするワークショップが行われた。そこで、相手をひたすら受容するというロジャーズの方法は、容疑者や犯罪者と向き合う現場では応用できないと実感している参加者たちに対し、ロジャーズは、「法的な任務と人間の尊厳を保ちながら処遇することの妥協点を見出すことは困難だけれど、それでもなお一つの道を求め続けなければならないと思う」と語った[5]。

　犯罪を犯した者を社会から隔離するとともに、その人間としての更生により再び社会の一員として受け入れることを目的とするわが国の行刑のあり方を「矯正」から「共生」へと転換させる時が来ている。

（はまだ・くにお）

---

（4）　1902年～1987年：日本の「カウンセリング」普及のきっかけとなった。
（5）　最相葉月『セラピスト』（2014年、新潮社）102頁。

# 第 1 部
# 裁判員裁判の展開

# 第1章
# 体験者たちから見た裁判員裁判

## 第1節　裁判員経験者の体験

大　城　　　聡<br>
坂　上　暢　幸

### 1　裁判員体験共有の必要性

　市民が裁判員として司法に参加する裁判員制度の趣旨からすれば、法律の専門家だけではなく、多様な市民による裁判員についての議論が活発に行われる必要がある。私たちは裁判員制度を自分たちの問題として捉え、情報を社会で共有し、考えることができる機会と場をつくるべきだと考え、一般社団法人裁判員ネット（以下「裁判員ネット」）を設立し、活動を行ってきた。裁判員ネットは、裁判員制度について情報発信し、裁判員制度について市民が主体的に考えることができるようにすることを目指して、会社員、臨床心理士、学生、弁護士等の多様なメンバーが運営に携わっている。
　また、私たちは裁判員経験者の交流会組織「裁判員経験者ネットワーク」の事務局としても裁判員経験者交流会のコーディネートを行ってきた。2016年10月末までで経験者の交流会は30回開催されている。この他にも裁判員経験者からのヒアリングも行ってきた。
　このような活動から、「裁判員になるかもしれない」多くの市民にとって、裁判員を務めた人の経験談は貴重であると強く感じてきた。しかし現状はそういった経験談を広く社会で共有する機会がほとんど無いのが実状である。
　そこで、経験者が抱いている想いを、戸惑いや葛藤も含めて記述し、裁判員経験者の「変化」やそれぞれの個人の「気づき」についても記す。そして

裁判員経験が個人にどのような影響を与えているのか、社会にどのようなインパクトを与えつつあるのかということについて触れたい。

## 2 裁判員になるまで——選任手続——

### (1) 裁判員候補者名簿記載通知

前年の11月中旬ごろ「来年度裁判員になるかもしれませんよ」ということを知らせる、裁判員候補者名簿記載通知が届くが、この段階では、まだ「裁判員候補者になった」ということを知らせるだけである。したがって、裁判員経験者のほとんどが、この時点では「自分が選ばれるとは思っていなかった」と語っている。

　——最初は「何だろう」と思いました。「裁判員候補者名簿に登録されますので、ここに記入してください」との文言が書いてありました。「自分には来ないだろう」と思いましたが、一応（調査票に）記入しました（30代・女性）——

### (2) 呼　出　状

次に事件ごとに、裁判の約6週間前までに、裁判員候補者名簿の中から、抽選により裁判員候補者が選定され、その事件について選ばれた裁判員候補者に選任手続期日のお知らせ（呼出状）が送付され、辞退事由の有無等を確認するための質問票も併せて送付される。

この呼出状に対する裁判員経験者の受けとめ方は様々だ。呼出状を受け取ってもまだ抽選があることから、「自分は選ばれないだろう」と受けとめる人。たとえばある裁判員経験者は、次のように語る。

　——楽天的なので、そのときもまだ抽選があるので、自分には回ってこないだろうと思ったんですね。ただ、行かなければいけないっていう感じはしましたので、裁判所にはその言われた日に行こうと。ただ、自分はやるわけないな、という気がしていました。妙な自信があったんです（40代・女性）——

一方でいよいよ選ばれるかもしれないと「ドキドキしてしまった」という人もいる。そして書類を見て「断ることができるのは特別なケースだけというイメージを受けた」と語る人もいる。

また、慌てて裁判員制度について学習しようとする人や選ばれた場合に備えて、家族や職場の上司に相談し段取りをつけておこうとする人などもいた。

(3) **裁判所に呼び出された当日**

呼出しの当日は数十人規模で裁判員候補者が呼び出される（事件によっては100人以上の場合もある）。どのような事件を担当するかは、裁判所に行ってから初めて知ることになる。ある経験者は最初に裁判所に行った時の印象を次のように語る。

――色々な人がいるという印象を受けました。ジャラジャラしたもの（アクセサリー）が付いた革ジャンを着ている人もいれば、すごい茶髪の人もいるし、おじいさんもいるし、若い人もいる、というような感じで、いろいろな人がバラバラに来ている、という印象です。男女の比率に関しても、「男性が多い」とも、「女性が多い」とも感じませんでした（30代・女性）――

部屋に通されて、どぎまぎしたまま、裁判員を選ぶという手続が始まってしまう。そして場合によってはその際に、個別に裁判長からヒアリングを受けることもある。

くじは自分の座る席のところに番号があり、その番号で裁判所職員によりパソコン抽選がなされる。実際に自分の手でくじを引くというわけではない。

## 3 裁判員に選ばれて

以上のような手続を経て裁判員が選出される。では、裁判員に選ばれると市民はどのような役割を担うのか。

(1) **裁判にかかる日数と時間について**

2013年の裁判員の職務従事日数[1]は平均5.9日だった。審理時間は通常1日5時間から6時間くらいとされており、初日は、午前10時ころに裁判所に行き、午前中に裁判員の選任手続が行われる。そして裁判員に選ばれた人は、

---

(1) 裁判員が、選任手続、公判、評議および判決言渡し等のために裁判所に出席した日数の合計であり、審理等が行われなかった日や土日祝日を含まない。

そのまま、午後から裁判の審理を行うことになる。裁判員候補者で、裁判員に選ばれなかった人は、午前中の選任手続が終われば帰ることができる。ただ、いきなり裁判員に選ばれると戸惑うことに配慮してか、最近では公判期日前に選任手続を行い、翌日以降から審理を行う例が増えている。

(2) 戸惑いと緊張の中で――突然選ばれて――

裁判員になった瞬間、人々はどのように感じ、何を考えるのだろうか。ほとんどの裁判員経験者は「何の準備もしていなかった」と言う。

　　――ほんとに私は自分が選ばれないと思って裁判所に行き、選任手続のときは、ほんとに恥ずかしい話、帰りにデパートの地下に寄って何か夕飯のおかずを買って行こうとかそんなことしか考えていなかった……午後にすぐに裁判始まりますからということで、「えー!?　今日始まるの!?」っていう何の心の準備もないまま法廷に出たんですね……ほんとに滝の底に落とされたような感覚でしたね（40代・女性）――

こうした、心の準備も整えられないまま、「突然選ばれた」という感覚を持ったまま、法廷に入ることになる。そして、ある日突然司法を担う人間になるという現実は、このような様々な「戸惑い」をもたらし、それをひきずったまま裁判初日を過ごす。では、裁判初日の印象をどのように受けとめているのだろうか。

　　――あれよあれよという感じで、あっという間に進んでしまったので、とりあえず遠足の引率についていく、というような感じでした。「これから始まりますので、列になって法廷に入って下さい」と指示され、法廷に入りましたが、その時は背中がゾゾッとしました。裁判員が座る場所は一段高いので、「こんな高い所から私のような主婦が上から見るなんてとんでもない、申し訳ない」と感じてしまいました（30代・女性）――

　　――印象的だったのは、やはり、一番最初に法廷に入った時の、目にした光景が忘れられないですね。ちょうど学校が夏休みに入った初日なんですよね。その日は傍聴人がたくさん来る裁判があった日でもともと裁判所で傍聴をしたこともなかったので、何か一気に緊張が高まった感じですね（40代・男性）――

――裁判長が被告人に名前を尋ねた際に、被告人が起訴状の名前とは全く異なる名前を名乗ったことに驚きました。それまで「犯人は非常に悪そうな顔をしている」というイメージを持っていましたが、実際法廷で見たのは「普通のおじさん」で、なおかつ別人の名前を語り、そのことが衝撃的で、よけい混乱してしまいました（30代・女性）――

また、被告人を現実に目の当たりにして感じた、戸惑いを語る人も多い。

――まあ本当に……ひょろっとした感じの方だったんで……、本当に人を殺したのかなっていうのが第一印象でしたね（20代・男性）――

――初日は、13時過ぎから法廷が始まりまして、16時過ぎまで行われました。正直、ちょっと話についていけてない感覚がありました。途中で自分が寝てたんじゃないかって思うぐらい話が分からなくなるんですね。その分からなかったことを、終わった後に裁判官の方に私が切り出したことがきっかけで、皆さん実はあまりよく分からなかった、という空気になった後に、裁判官の方から、「裁判官も確かにこの件については分かりにくい事件なので、明日、証人の方が出てきて、そこで質問をする時間もあるので、その時に疑問が解決されると思います」そういうふうにおっしゃっていました（40代・男性）――

公判において裁判員は、証拠を見たり、証人や被告人の話を聞くことになる。審理の内容を正しく理解し、評議で適切な判断を行うためには、法廷で示される証拠や証言を十分に理解することが不可欠だ。しかし、初めて刑事裁判に参加する一般の人々にとって、法廷の独特の緊張感の中、限られた時間で膨大な情報を整理するということは必ずしも容易なことではないということが察せられる。

(3) **仕事・家事と裁判員**

会社員でも自営業でもパートでも仕事を持っている人は、裁判員と仕事との調整が、また子育て中の人は子どもの世話などの家事との調整が、それぞれ大きな課題となっている。

――裁判終わった後、それから裁判始まるまでの間を使って仕事はできました。私は4日間やったのですが、基本的には会社の取引先のお客さんには、ちょっとこの期間だけは、昼間どうしても電話がつながらな

――い、つながりにくいということを、事前に理解を得ました（40代・男性）――

――働いてる人で、「上司になんて言おう」とか言いながら、「絶対信じてくれないかも」とか言いながら不安になって電話をしてる人もいました。私も、子供のこともあったから、母に電話した時に、「えー？」「なんで今日やるの？」みたいな感じだったから、なんか理解してもらえる人は少ないんじゃないかな、と思いました（30代・女性）――

一方で、段取りを組んでおいたので助かったという人もいる。

――私は他の場面でもクジで当たることが多いので、家族から「万が一の場合に備えて午後子供をどこかに預ける手配などをしておいた方が良いのではないか」と言われていたので、実際に手配もしておきました。それでも、選ばれた時は「どうしよう」と思ってしまいましたが。でも一緒に選ばれた人で、そのような準備をしていなかった人は、非常に慌てていたのを覚えています――

〈もしかすると選ばれるかもしれないから、そのための段取りを組んでいたというわけですか？〉

――そうです。一応、家族に、選ばれた際は動いてもらうというお願いを電話でしていました…選ばれた際の準備をしていなかった人が焦っていましたね。「職場に何て言えばいいのだろう」という感じでした（30代・女性）――

**(4) 審理――わかりやすさをめぐって――**

事件の当事者が同じ部屋の中にいる、ということ自体に大きな緊張感がある。

市民が判断する上で、審理の内容が十分に理解されるかどうか、ということは裁判員裁判の重要な課題の一つである。この審理の「わかりやすさ」をめぐって、裁判員経験者たちはどのように受けとめているのか。法律用語や説明については、「わかりやすい」と語る裁判員経験者がいる一方で、「事件そのものの複雑さ」からくるわかりにくさを指摘する声もある。

――わかりやすかったですね。検察官の資料など、素人でもわかるようになっており、説明も理解しやすかったです（40代・女性）――

――用語については、特に私は理解しにくいということはなかったんですけども、その事件の中身が、非常に分かりづらかったです（40代・男性）――

2012年1~2月裁判員経験者に実施したアンケート結果では、審理内容を「理解しにくい」と答えた人の割合が8.1％にのぼり、前年結果の7.3％を上回っている。特に被告人が「自分はやっていない」などの主張をする「否認事件」では12.6％と高い値を示している。法廷での手続については、18.4％が「証人や被告の法廷証言が分かりにくかった」と回答し、過去3年をいずれも上回っている[2]。この点については、最高裁長官も「審理が少し詳しくなりすぎ、書面に比重が移って、審理期間も長くなっている。それに伴い、わかりやすさという点で国民の評価が下がっている」[3]として、「当初のわかりやすい審理という理念がやや後退している」との認識を示している[4]。

裁判員制度の導入以降、「わかりやすい」裁判の実現が目指されてきた。このことは法律の専門知識を持たない市民が審理に参加する上で、非常に重要な観点であると言える。しかし、「人を裁く」ということは、それ自体が極めて重く、難しいものである。「わかりやすさ」を追い求めるあまり、審理が拙速になったり、必要な証拠や証人の検討をおろそかにするようなことがあってはならない。多少時間がかかったとしても、十分な証拠を提示し、わかりにくい部分については一層丁寧に説明を行うことで、わかりにくさを解消してゆくことが求められる。また市民も、こうした「人を裁く」ことの難しさを真摯に受け止め、それを理解したうえで責任感をもって裁判員となることが必要である。

(5) 評議――評議室の雰囲気――

裁判員は法廷で見聞きした証拠をもとに評議を行う。この評議は非公開で

---

（2） 日経新聞Web刊（2012/05/14）。
　　http://www.nikkei.com/news/latest/article/g=96958A9C93819695E3E6E2E0808DE3E6E2E7E0E2E3E09180EAE2E2E2
（3） YOMIURI ONLINE（2012/05/03）。
　　http://www.yomiuri.co.jp/national/news/20120502-OYT1T01458.htm
（4） MSN産経ニュース（2012/05/03）。
　　http://sankei.jp.msn.com/affairs/news/120502/trl12050221070007-n1.htm

あり、評議室という法廷とは違った部屋で行う。評議の中身については守秘義務があるために聞くことができないが、評議の「雰囲気」や「感想」は公にしても良い。そこで、評議の雰囲気と経験者の感想について紹介する。

　――評議の雰囲気はとても言いやすい雰囲気でした。裁判長の方がとっても裁判員に気を遣ってくださって、評議の間も奥様の手作りのケーキを出してくださったりとか、お菓子を用意してくださったりとかして、お茶を飲みながら、適度に休憩を入れてわりとフレンドリーな感じで進行して頂いたので、何でも質問しやすかったですし、話しやすかったです……だから法廷の中とはまた全然違う、別の感じで話し合いができました（40代・女性）――

　――私の時は、裁判官3人のチームワークの良さを感じたのと、私たちの裁判員の方もほぼ均等な発言ができるような、議論としては非常に、皆さん前向きな感じでしたね（40代・男性）――

　――同じ1つのテーマに関して皆で考えるので、裁判員同士の間で仲間意識のようなものが芽生えて、自分の意見を言いやすい環境でした（30代・女性）――

評議の雰囲気については、「話しやすい」と語る人が多い。その意味では自由に意見が言える場を作ろうとする裁判所の姿勢が伺える。しかしこれは、事件の性質にもよる。ある死刑判決事件を担当した裁判員経験者は次のように語った。

　――最初の方は、有罪か無罪かを皆さんで話し合って……殺害された状況とかを再現してみたんです……活発に意見も出てましたし……でも、やっぱり最後のほうで、いざ量刑を決めるとなると、皆さん慎重に言葉を発するようになって……多少活発さは……欠けたのかな（20代・男性）――

## 4　裁判員を終えて

### (1)　判決後の記者会見

　裁判員の仕事が終了した時点から、今度は裁判員経験者という立場に立たされる。多くの市民にとっては、「裁判員経験者」の姿を見たり、その声を

（一部だが）聞くことができるのは、「記者会見」だ。裁判員経験者の記者会見というのは義務ではないため、参加しなくてもよく、任意である。この記者会見について、ある経験者の話を参考に会見の実状の一部を見てみよう。

——どこまでカメラに映してよいか、ということを聞かれるので、顔は映さず声だけということで、私たちは6人全員参加しました。
　「任意ですよ。どうしますか」と聞かれましたが、考えている時間もないほど流れるように進んでしまうので、「じゃあ、やる」というような感じでまわりに流されてしまったところもありました。そのままの流れで「では、隣の会見場へ」と職員に案内されました。記者会見では、事件の内容よりも裁判員制度の「粗をさがる」ような印象でした。後から考えると、自分の発言がマスコミによっていかようにも操作されてしまう可能性があるような気がして、怖いと感じることもありました。「私はただの素人なのに、何をやっているのだろう」と裁判が終わってから自己嫌悪に陥ったこともあります。ただ、その場では裁判員の方々は皆、「皆さんの為になるのなら」という勢いだったので、その流れに乗っていました（30代・女性）——

(2) 被告人の「その後」——控訴を考える——

　判決を言い渡すまでが、裁判員の役割であるから、その後は、その裁判について裁判員は関与することはない。ところが、裁判員を務めた人が、裁判の「その後」、とりわけ被告人の控訴について強い関心を示すケースがある。

　裁判員経験者からは「被告人が判決のあとに控訴したのかとか、そういったことがすごく気になる」「控訴審の有無や日程を知りたかった」という声を多く聞く。そして「控訴した理由が知りたい」「裁判員裁判で重い責任を担ったのにもかかわらず、その事件の控訴の有無や控訴審の日程が全く伝えられないのはおかしい」などという意見も裁判員経験者から聞かれる。

　控訴審は、職業裁判官だけで行われ、裁判員は参加しない。控訴審については、現状では一部の裁判官が任意で情報を提供している以外は、裁判員経験者は自分が担当した事件が控訴されたかどうかさえもわからない。裁判員経験者は、自分が裁判員として関与した事件であるにもかかわらず、その事件が控訴されたか否かということや控訴審、上告審の日程についての情報提

供を受けていないことがほとんどである。

　また、裁判員裁判の結論が控訴審で覆されるケースもあり、裁判員経験者の中には、「第一審を白紙に戻すならば裁判員制度の意味がないのでは」という意見がある一方で、「プロの裁判官が、改めて真実を見極めてほしい」と考えている人もいる。さらに、裁判員経験者の中には、裁判所に控訴審の日程を問い合わせ、実際に控訴審に足を運ぶ人もいる。裁判員経験者は、自分が担当した事件のその後に対して強い関心があるのだ。

(3)　**被告人の「その後」**――更生を考える――

　被告人の「その後」は裁判だけにとどまるものではない。被告人の社会復帰や更生というものにまで及んでいる。

　それは、裁判員裁判の判決にも一部影響があるものと指摘することできる。例えば、刑の執行を猶予する場合には、被告人を保護観察に付すことができる。この保護観察は、定期的に保護観察所による指導監督を受けることを義務づけるなどして、被告人の更生を支える制度である。

　職業裁判官のみの裁判と比べ、裁判員が参加する裁判においては、保護観察付の執行猶予判決が増加する傾向にあり、裁判員制度導入後の特徴的な変化のひとつである。これは裁判員の被告人の更生に対する強い関心の現れであると考えられる。

　刑務所の役割が「罰を与える」だけではなく、「更生」を図るための役割もあるということを裁判員を経験して初めて知ったという人もいる。

　――被告人がその後どこかに向かうと考えたときに、刑務所では罪を償う場所というふうに私は考えていた気がするんですけど、そこは更生して社会に復帰する場でもあるんだということは、裁判に参加して自覚するようになりました（40代・男性）――

　その一方で、被告人の更生について不安を語る人もいる。

　――日本の刑務所が反省をさせる能力があるのか、その実力があるのかっていうところを知りたいんですよね。同じようなことを再犯するんじゃないかなっていう、何かそういう感じがします……刑務所に行って、どれだけの更生のプログラムがあるのかなって思いますね。だから怖いです。もし、何年かして出てきたら、また別の人がターゲット

になって、という繰り返しがあるのではと思うと……ないことを祈りますけどね（40代・女性）──

(4) 人の人生を決める重みと問い

　裁判員は、刑事裁判の判決にかかわり、人の人生を決めることによる重圧を感じる。判決は、被告人の運命はもちろん、被害者など事件関係者の運命も決めることがある。裁判員経験者の中には、職業的に何度も判決を出す裁判官と違い、自分にとっては一生に一度の経験なため、「あの判決で本当に良かったのか」と、ずっと心に残っていると話す人もいる。残酷な証拠を見ない場合でも、人を裁くことの重さを深く受けとめ、考え続けている人もいる。ある裁判員経験者は被告人の「その後」がとても気になる、と話す。その上で、

　──私の関わったその被告人がその後どうなったかっていうことを、（約１年後に）知る機会がありました。被告人はその後、控訴・上告して……それぞれ棄却で、なおかつ再審請求をして、自分でそれは取下げて刑は確定したみたいですね。それを知った時に、被告人の思いと私達の判決のことについて、いろいろ考えることがあります──

　〈いろいろ考える、ということの中には、自分達の判断への疑問も？〉

　──そうですね。疑問というほどのものではないですけれど、被告人が法廷でいろいろ喋っていたことを、いろいろ思い返すと、やはり思っていた以上に反省していたのではないか、ということです。それに、社会復帰を相当早く望んでいるんだなっていうことも、その事実を知った時に感じました（40代・男性）──

　裁判員を終えた後しばらく経ってから、被告人のことを考え、裁判を振り返りながら問いを立てざるをえないという、市民の姿がここにはある。

　職業裁判官であれば、日々数多くの裁判をこなし、一つひとつをじっくりと振り返ったりするような時間の余裕はないだろう。しかし、裁判員は、生涯に一度あるかないかの経験である。まさに一期一会の事件に真剣に向き合い、真摯に考え抜く。ある50代の男性は、裁判員の経験を「生涯で一番アタマを使った。まったく知らない他人の人生について、フル回転で考えた」と

語った。裁判が終わった後も、被告人の更生を案じ、自ら下した判断と向き合い続ける人がいる。裁判員は、人生において想像以上に貴重で重い経験なのである。

(5) 死刑と向き合う裁判員

裁判員裁判の対象となるのは一定の重大な犯罪とされており、事件によっては裁判員も死刑の判断にかかわることになる。

裁判員制度を考える上で、死刑の問題はある意味で切っても切り離せない。死刑制度は避けて通ることのできないテーマなのである。

2016年10月末時点で裁判員裁判において死刑が求刑された事案は全国で37件あり、そのうち27件で死刑判決が出されている。

そのうちの一つ、3人を殺害したとして起訴された被告人に対する裁判にかかわった男性に話を聞いた。弁護側は判決後に控訴したが、被告人自らが取り下げたため、死刑が確定した。

この男性は判決を決める評議では議論を尽くし、自分なりに納得して答えを出したつもりであり、判決直後は被告人に対して判決を「真摯に受けとめて欲しい」と考えていた。ところが裁判から1年ほど経過し、時間とともに徐々に変化が生じてきたと言う。

〈判決に関わっての、精神的な負担については？〉

――「負担」とまではいかないかもしれないんですけど、加害者になってしまうんじゃないかという思いはありますね。直接的ではないにせよ……死刑は本当によろしくないと思うんです。それを国家の力で、罪人ではありますけれど殺しちゃうわけですからね……なんかそれは、被告人がやっていることと同じじゃないのかな、という思いはありますね……死刑制度がある以上は、選択しなければならない場合もありますよね。その選択によって救われる方もいると思うので……でも……あまり賛成ではないです――

〈自分の中で、その葛藤があるということですか？〉

――そうですね……判決を出した直後では、死刑という判決を受け入れて欲しいと思っていたのですが、どんどん時間が経つにつれて、本当にこの判断でよかったのかなって思うようになってきました……。本当

に死刑で良かったのかな……と

　……あの人（被告人）、今何しているんだろう。という思いがでてきた……裁判中に、写経をして反省をしているというのが印象に残って……まだ写経をしているのかな、と考えているうちに、本当に死刑でよかったのかな……と思うようになり始めたんです。多少なりとも反省はしているのかなと（20代・男性）——

ここに、複雑かつ重い判断を迫られた市民の葛藤が見える。

(6)　変化の中にある裁判員経験者

　裁判員経験者との交流を続ける中で、彼らの「変化」を最近強く感じるようになった。この変化というのは、裁判員を経験して1年や2年経過した人たちに対して感じていることだ。裁判員を経験した直後は、その経験を「より前向きに」「積極的に」捉えていた人たちが、少しトーンダウンして、考え直しているのだ。それは決して裁判員制度そのものに否定的になったというわけではないのだが、しかし、以前のような「率直さ」が薄れ、じっと深いところで視点を据えて、自己の体験を捉え直している、そういう印象を与える人が増えていると感じる。

　時間の経過によって、特異な経験をしたことからもたらされた「高揚感」が抜けるとともに、少し冷静に過去の自分を客観的に見る視座を得て、考え直す。そういう裁判員経験者が出始める時期になったということかもしれない。そうだとするならば、「裁判員をやってよかった」ということの意味を、個人の中でより深化させ、より重みのある言葉を生み出そうとしているのではないだろうか。

(7)　人を変える裁判員経験——考え方、行動の変化へ——

　裁判員経験が個人にもたらすものは、「社会の課題に生の形で触れる」ということだ。刑事事件は、その背後に貧困の問題、差別など社会の抱える問題が潜む。裁判はそれに生の形で触れることになる。そのときに、それまで他人事だと思っていた社会の課題が、一気に自分にも関係していることとして捉え直される。裁判員経験者の多くが、「自分は今まで事件や裁判にそんなに興味はなかった」が、裁判員を経験したことから「自分が責任ある決定に参加しないといけない」のだと、事件や裁判について「関心を強く抱くよ

うになった」と語る。裁判員経験が、社会に対する意識の変化の契機になっている。

幼い子どもが被害者となった事件を担当した20代の男性は「他人事ではなく自分たちの問題として社会の課題を考えるきっかけになった」という。
　——裁判員を経験する前というのは、関心は少しありましたけれども、あまり具体的には知らなかったというのが正直なところで、今まではこういった事件はどこか外側で起きているような感覚がありました。けれども今回の経験で、実際にこういったひどい事件がこの社会で起きているんだということを痛感しまして、いつ自分の子どもが被害者になるかわからないということや、子どもたちが犯罪の被害者にならないような社会を作るためには、自分にはどういったことができるかとか、今まで考えなかったようなことを考えるようになったと思います（20代・男性）——

また、関東地方に住む40代の男性は、裁判員を経験した後、別の事件の被害者となり、「捜査に協力しようと思った」という。東日本大震災後に、被災者に送る名目で支援物資をインターネットで集めた中部地方の人物が、実は転売を目的にして全国から物資をだまし取ったという詐欺事件があり、この男性は物資をだまし取られたのだ。ただ被害金額としては小さいものだったことから、無視することもできたのだが、警察から連絡があり、男性に対して以外にも他にも余罪が多くあるにもかかわらず、「被害届」が出ないと捜査が進まないと言われ、「被害届」を出すことで協力しようと考えた。
　——今回のこの行為に関しては、間違いなく、裁判員を経験してなかったら、〇〇県警に捜査協力まで私は行ってなかった……（その）裁判を見に行きました。判決が出て、被告人とは、弁護士を通してですけど手紙でやりとりをしました（40代・男性）——

## 5　裁判員体験と共有の意義

### (1)　次の裁判員へバトンをつなぐこと

裁判員制度は、それまで「他人事」と考えていた社会の課題を、社会の一員として生きる様々な個人にグッと身近に感じさせ、真摯に考えさせる機会

になっている。

　それはとりもなおさず、「自分たちの問題」として事件や刑事裁判をとらえて考えていくことである。他人事だと思っていたものも自分のこととしてとらえて考えるようになる。その課題にどう向き合うのか。地域社会の中に被告人がやがて更生して帰ってくる。では、帰ってきたときにどういうふうに受け入れるのか、そうしたことも含めて、私たち自身は問われているのであり、考えていかなければならない。

　それこそまさに市民が主体的に社会に参加するための土壌なのである。この土壌がなくては、裁判員制度は存立しえない。そしてこの土壌を育み、継続させる努力も必要だ。そのためには、まず裁判員の実態を知ることが大事である。

　だからこそ、真摯に刑事裁判に向き合った裁判員経験者の話を「次の裁判員になるかもしれない」多くの人々に経験を共有し、バトンをつなぐしくみが重要なのである。

(2) **裁判員経験が社会に共有されない──守秘義務の壁──**

　市民が主体的に裁判員として刑事司法に参加できる社会的な土壌をつくるためには、裁判員の貴重な経験を社会に共有することが不可欠なのである。しかし、現在の制度では、裁判員候補者には候補者であることの公表禁止義務があり「候補者であること」自体も公にすることができない。また、裁判が終わった後は裁判員経験者にも広範な守秘義務がある。これらの規定は、経験者には守秘義務の範囲を吟味する前に「とにかく言わない」ことを選択させ、貴重な経験を社会で共有することの妨げとなっている。

　　──評議の内容の中には守秘義務があるとされていますけど、評議の内容にこそやっぱり一番いろいろ感じたことだったりとか、考えさせられたことというのが詰まっていました。ですから、そういったことを公開できないとなると、やっぱり経験を話すことは、少し窮屈といいますか、萎縮してしまう部分はあると思います（20代・男性）──

　裁判員経験者は経験の核心部分である評議に関して守秘義務が課されていることで、その経験を市民の間で共有することが難しくなっている。もちろん裁判員の自由な議論を実現させ、事件関係者のプライバシーなどを保護す

る必要はある。しかし、評議の経過や発言者を特定しない形での意見の内容、評議の際の多数決の数といった部分は、守秘義務の対象から外すべきである。現在の「評議の秘密」の範囲を限定して、発言者を特定して意見の内容を漏らす場合だけを守秘義務の対象とすべきではないだろうか。

### (3) 交流組織の意義

裁判員経験者の交流組織、裁判員経験者ネットワークは、裁判員の貴重な体験を市民全体で共有することを目的に掲げて活動している。これまでに30回交流会を開催している（2016年10月末現在）。交流会は、裁判員経験者同士の交流・情報交換がメインだが、弁護士や臨床心理士、裁判員制度に関する活動をしている市民団体のメンバーもサポーターとして参加することから、助言も最新の情報も得ることができる。得られた情報や人的ネットワークは、裁判員経験者がそれぞれ自らの体験を整理したり、その経験を職場や地域などで語る際に活用されている。

——私のつたない質問にも、客観的な事例を挙げ、わかりやすく説明してくださり、すっきり解決できました。

　話を進めていくうちに、裁判の様子や評議室での状況などリアルに思い出されてきて自分でもびっくりしました。改めて客観的にあの当時のことを思い返す良い機会となりました（40代・女性）——

——制度の賛否はともかく、通知を受け取った後に本格的に向き合うことになる裁判員制度について、その様子を経験者から聞いてみたいと私は思いました。しかし、その当時は情報が全くありませんでした。今後、裁判員になり得る皆様から質問を受けた時に可能な限りお答えしたいと思い、経験者ネットワークに参加するようになりました。経験したことをそのままにして記憶が薄れていくことがないように、交流会に参加することで定期的に裁判のことを思い出し、考えを整理する機会であることを今回認識しました。弁護士、臨床心理士の方々も同席されているので裁判員を経験しての悩みや疑問にも答えていただける貴重な場だと思います。

　裁判は決して他人事ではなく、自らが法廷に立つ事になることも充分考えられます。そのための準備というわけではありませんが、知っ

ておいて損ではないと思います（40代・男性）——

　守秘義務の範囲についての情報を得たり、相談することや、裁判員を経験していない人の誤解についてどのように説明すべきかといったことについても意見交換される。

　交流会に参加したある裁判員経験者（40代・女性）は、こうした知見やネットワークを活用して、自身の友人約20名を対象にした、裁判員制度に関する学習会を開催したり、自宅近所の子どもたちを対象にした学習会も開催している。

　裁判員経験者ネットワークの交流会を入り口に、裁判員経験者が自ら社会に裁判員経験を共有する機会を作り出す動きが見られるようになったのである。

　また、裁判員経験者ネットワークでは、一般市民対象の公開シンポジウムも開催している。これらの動きは、社会に裁判員経験を共有する一助となりつつあると言えよう。

(4)　おわりに

　裁判員制度が今後、どのように社会の中で存在していくか。その鍵を握るのは、市民一人ひとりである。

　刑事司法において、専門家だけにすべてを委ねていた状況は大きく変わりつつある。市民が刑事司法の新しい担い手として、裁判員制度の実状を知り、意義を考え、この制度が社会にとって必要なのかどうかも含めて議論することによって、市民の主体的な参加が実現する。

　そのためには、裁判員の貴重な経験が広く社会に共有されることと、それを支えるためのしくみが必要なのである。

（おおしろ・さとる／さかがみ・のぶゆき）

# 第2節　3名の裁判員体験談

牧　野　　　茂

## 1　千葉地裁Aさんからのインタビュー（平成24年7月20日実施）

序論　インタビューの趣旨
 1点　これから裁判員になるかもしれない市民に裁判員になったらどんな毎日を送るのかを知ってもらう
 2点　裁判員として審理評議に参加した感じた印象や課題点と思ったことを話してもらう

⑴　**最初の質問（自己紹介兼ねて）どんな事件で何日間裁判員を務めましたか**
――匿名希望（女性）・覚せい剤取締法違反、関税法違反・5日間――
⑵　**選任手続まで**
　イ　前の年の11月末ころに翌年の裁判員候補者名簿に登載された通知が届き翌年さらに具体的事件について、裁判員候補者として呼出しの通知が届く
　①　この具体的通知が届いたときの感想はどうでしたか
――本当に当たってしまったんだ。困ったなぁ、という感想です――
　・理　　　由
――仕事を休みたくありませんでした。代わりがいないので――
　②　このときの通知には調査票（質問票です）が入っていますが、具体的事件の情報や刑事裁判の流れはどこまでこの時点で知ることができますか
　・審理日数
――わかりません――
　・罪　　　名
――わかりません――
　・自白事件か否認事件かはどうですか
――わかりません――

## 1　千葉地裁Ａさんからのインタビュー（平成24年７月20日実施）

・その他どこまでの情報が記載されていることが望ましいですか

——呼出状の記載内容ですね。審理日数、自白事件、否認事件、などの用語そのものが一般人にはなじみがなく、いきなりこの段階で示されてもわかる人は少ないのでないでしょうか。なくても良い情報だと思います。裁判に興味がない一般の人が知りたいのは、いつどれだけ拘束されるか、ということです。

また、罪名を見て「殺人事件は嫌だ、性犯罪事件は嫌だ」などと思い、それが理由で裁判所に出頭しない人が増えると思います。裁判員として従事することになる日にちだけ書いてある現状でよいと思います。裁判内容にもよりますが、事件が起こった場所なら、その事件に関係があるかないか（辞退する理由）を推測する判断になり得ると思います。

「刑事裁判の流れ」は、呼出状と共に送付される冊子に書いてありますが、帰国子女であった私には単語などが難しく読む気になれず、任が終わってから読んでようやく理解できました——

　③　勤務者にとって選任されれば裁判員として審理のため一定の日数拘束があるため、職場の理解を得るために職場にも通知してほしいとの裁判員経験者の意見もありますがどう思いますか

——希望者には勤務先提出用として、呼出状を２部同封してもらうなどはいかがでしょうか。私は勤務先に休みを申請するとき、呼出状のコピーを提出しました——

　ロ　選任手続について

・印　　　象

——裁判所の職員は慣れた感じを受けました。対応は丁寧でスピーディーでした。「面接」は一同全員に、個別面接は当日質問票に記載した該当者、希望者のみということに驚きました——

・課　題　点

——個別面接と抽選結果を待っている間、法廷内見学などできるといいと思います。暇つぶしグッズを持ってくるようにとのアドバイスはありましたが（候補者待合室にも雑誌がおいてありました）——

　公開の場で抽選してほしいとの意見はどう思いますか

――そう思います。選任手続とは本人がくじを引くための手続だと思っていました。勤務先でも話題にされました。「どんなくじを引いたの？」――

ハ　選任後、法廷に入る前に裁判長から刑事裁判の基本ルールを説明されますがこの説明が有ったこと、その内容は当時理解できましたか、審理中も意識しましたか

――説明はわかりました。が、3つのルール、今全部は覚えていません。すみません。評議室のかべに数カ所ルールを書いた紙が貼ってありましたし、各裁判員にも配られました。（持出し禁止でしたが）常に意識できる環境でした――

ニ　基本ルールは評議でも裁判長から説明が重ねてありましたか

――説明を受けました――

(3)　**審理開始初日**

イ　法廷に入った瞬間の印象は

――全員がこちらを向いて立っていることで緊張感が増しました。一段高い所にいる自分自身に「ここに座わっていいのか」と違和感を感じました――

ロ　その日法廷でどんな審理が行われるか裁判所から説明がありましたか、また、全体の審理日程も説明されましたか

――ありました。そして細かな進行について、裁判員としてどんなことについて注意し見聞きすべきか、具体的に説明をしてくれました。（だれがどうするから、こういうポイントに気をつけて聞いて下さいね、とか、ここは証拠になる、ならない、など）全体の審理日程は書面で配布されました――

ハ　検察官、弁護人からこれから証拠で立証しようとする内容の説明が最初にあったはずですが（冒頭陳述といいます）理解できましたか

――検察側、弁護側それぞれ意見を書いたプリントが配られたので、それを見ながら理解できました。プリントに書いていないことはメモで書き加えました――

ニ　証拠とされた書類の朗読はありましたか、また、理解できましたか

――証拠として出されたのが、被告人が送受信したメールやチャットの内容だったので、書面ではなくディスプレイ表示で英語の原文が左、日本語訳

が右、となっていましたが、理解できました（それをプリントアウトしたものが評議の時に再度配られました）――

**ホ** 証人尋問があったとして（２日目でも良い）尋問の意図は理解できましたか

――理解できました。事件に至るまでの経緯、証人が事件を知ったときの事、事件を知ってから証人が取った行動など、事件一連の流れがわかるような質問でした――

・課　　題

――英語の通訳が一人ついたのですが、時間がかかる割に、得られる情報が少ないです。（仕方ないですね）翻訳の限界なのか、国民性の違いなのか、黙秘権からなのかわかりませんが、質問の内容と証人や被告人の答えの焦点がずれていることもありました。

　証人は弁護側のようでしたが、被告の証言を裏付けるキーパーソンの「関係者」が証人として出てないことに違和感を持ちました。（理由を検察側も被告や証人に尋ねました。）あと証人が、証言している最中にポケットから紙切れを出し「これは証拠にならないか？」と言って弁護士に渡そうとしましたが、手続上の理由で証拠として認められなかった場面がありました。内容は確認できませんでしたが、ちょっと残念でした。事件（犯行）の舞台、関係者がすべて外国であるため情報収集がままならず、警察や検察、弁護士、裁判所の権限とはどこまでか、考えさせられました。国内だったらすべてに裏をとるでしょう――

**ヘ** 初日の最後、評議室に戻って、裁判官となにか会話がありましたか（その印象、課題）

――初日の審理が理解できたか、感想、公判２日目に行われる「被告人質問」で質問したいことなどを話し合いました――

**ト** 帰宅しての疲れ、過ごし方、家族との会話で事件触れましたか

――慣れないこと続きで緊張し、ものすごく疲れました。初公判日が金曜日で土、日をはさみ２日目が月曜日。初日裁判所から勤務先に戻り、深夜まで仕事。その後自宅に帰りそのまま寝ました。土曜日はできなかった仕事を片付け。夜に飲み会（送別会）があったが一杯しか飲めませんでした。日曜

日は一日自宅でした。ストレスで何も食べられず水分だけとっていました。原因は「これからどんなことが待ち受けているかの不安。知りたくもない膨大な個人情報を知らなくてはならないこと。」と思います。残虐な証拠品はないものの、決して聞いていて楽しい話ではないので。被告が犯罪に関わってしまうポイント、「普通の人ならそう判断しないな、そんな行動をとらないだろうな」何が被告をそうさせたのか。考え始めると気分転換はできず頭の中を事件のことがぐるぐると離れませんでした。仕事も能率が上がらずルーチンワークのみ。夜は寝たくても寝られませんでした。金曜日夜の職場の人や土曜日夜の飲み会では「裁判員って何するの？」の質問に「証拠品の覚醒剤本物持ったんだよ〜、1億5,000万以上するんだよ〜」などの話しかしませんでした。話してはいけないことまで話してしまいそうだったので——

(4) 2日目以降

イ　初日と審理に立ち会う際心境に変化はありましたか

——一日被告人質問でした。説明資料などないので、しっかり聞かなくては、と思いました——

ロ　昼食の過ごし方は

——昼食は持込可ですが、「関係者エリア」からの外出は基本不可でした。希望者は前日に弁当などを注文できました。裁判官と一緒に食事をしながら用語や制度など質問しました。裁判員同士ではあまり雑談しませんでした。4日目、5日目くらいでようやく女性裁判員同士食後に少しおしゃべりできるようになりました。昼食後は人それぞれの過ごし方でした。職場や家族に連絡を取ったり、喫煙所に行ったり。時間になったら廊下から戻ってきました——

ハ　外出に関して注意はありましたか

——一度、仕事関係の書類を提出しに裁判所からすぐ近くにある県庁に行きたくて昼食後外出の許可を得ました。外出基本不可の理由は、時間までに戻ってこられない可能性、事件関係者と接触がないように、だと言われました——

ニ　2日目ないし審理終了日の最後に評議室で中間的な評議ないし事案の議論をしましたか

## 1 千葉地裁Ａさんからのインタビュー（平成24年7月20日実施）

——２日目の被告人質問の最後、裁判所からの質問の時に何を質問するかを議論し、時間までにまとまらず、法廷から評議室へ催促の電話がかかってきました。被告人に質問できるのは今だけですよ、と言われました。２日最後の証拠書類の取り調べの後、どれだけ内容が把握できたか話し合いをしました。

審理終了は３日目の11時30分頃でした。その後すぐに評議に入りました——

(5) 論告、弁論

イ　理解できましたか

——理解できました。論告、弁論双方の資料もありました——

ロ　検察、弁護人　どちらがわかりやすかったですか

——資料の内容はどちらもわかりました。検察側は口調がするどくはっきりしていて、弁護側はそれに比べるともごもごしている感じを受けました——

・課題点

——弁護人は情に訴えてきますね——

ハ　もっと証拠みたい点ありましたか　ある場合言える方が良いですか

——証拠の品は評議の時に改めて確認できるのでこの場では不要と思います——

ニ　裁判員として参加する前に、公判前整理手続で、予め争点整理され、立証予定決まっていますが、この点をどう思いますか

——限られた時間で裁判を進行させるためには良いと思います。裁判の内容にもよると思いますが、あまりにも争点が多いと混乱し、理解するのに時間がかかると思います——

(6) 評議

イ　どんな点に注意して参加しましたか

——証拠書類、証拠物品、証言だけを元に判断する。それで有罪と確信できなければ無罪の判断となる。わからないところは裁判官や他の裁判員の方にきく。意見だけでなく理由をきちんと言う。他の発言者の発言を遮らない——

ロ　裁判員の名前は名乗り合いましたか、番号とかABCとかでしたか
　——番号です。名前は知りません——
　・感　　　想
　——他の方の発言に同意したり別の意見を述べたりするとき、言いやすいと思います。個人名だと「名前何だっけ……」となりそうです。私は人の名前と顔を一致させるのが苦手ですので楽でした。座っている場所で○番さん、とわかりました——

ハ　意見は十分言えましたか、また、裁判官と対等な1票という意識はもてましたか
　——みなさん言えていたと思います。また、裁判長からも「評議の場では、裁判官と対等な発言、対等な一票として扱われますよ」と話がありました——

ニ　発言をほとんどしない人もいましたか
　——裁判官が指名して発言を促し、みなきちんとそれぞれの意見を述べていました。なるほどと思う多種・多様な意見が出ました——

ホ　裁判所は裁判員に自由にはなさせる雰囲気でしたか
　——発言しやすいよう、心配りをしてくれました。時々裁判官の意見も出ました。自分たちと同じような着目点なんだな、とほっとしました。具体的に話題を絞って意見を出させ、その結果を時系列に事件の流れをまとめホワイトボードに書き込んだり、話題の焦点をはっきりさせ、判断がしやすいようにしてくれました——

ヘ　時間は足りましたか
　——ぎりぎりだったと思います。時間が許す限り目いっぱい使いました——

ト　評議の時間足りないときのための予備日の提案もありますが、どう思いますか
　——必要だと思います。時間が足りないので充分な評議ができず後悔、なんて悲しいです。私たちは「予備」も使い切ってしまったかも知れません——

チ　結論でたあと判決文案を裁判官が作成したと思いますが裁判員もそれ

## 1　千葉地裁Ａさんからのインタビュー（平成24年7月20日実施）

について予め見せてもらったり意見を言えましたか

　——全員で判決文を読み合わせをしました。評議の時に出た意見がわかりやすく記載されていました（文書のまとめ方が上手なので、自宅に持って帰りたいと思いました〈笑〉）。私たちの思いが被告に伝わればいいな、と思いました——

　リ　検察官に立証責任ありしかもその証明の程度も常識に従って疑いない程度までの証明が必要とのことは最終評議でも説明がありましたか

　——評議の最初にありました。それが立証できなければ無罪としなければなりません、と——

(7)　**守秘義務について**

　イ　裁判所から説明ありましたか

　——一番最初と評議が始まる時。評議の内容は誰にも話をしてはいけませんが、法廷で発言されたことは話をしてもいいです。

　評議が終わり、判決文を書くため裁判官が退席する時、「今まで話し合ったことは、判決言渡しまでは絶対に話さないで下さいね。」と言われました（この日は昼食時の外出はOKでした）——

　ロ　どこまで話せるかわかりましたか

　——わかりにくいです。例えば、裁判員候補者になったことを「公にしない」でなく「不特定多数の人に知らせてはならない」にすればよりわかりやすいと思います。ネット、チャット、ブログ、SNSなどに書いてはダメと具体的にすれば不要な心配はしなくて済みます。法廷で出た内容でも、個人のプライバシーに関係することが多いので、基本あまり話さない方がいいと思います。現在形ではだめだが過去形、裁判員で「あった」ことを公にするのはいいのはかまわない、感想ならしゃべってもいい、なんて何ででしょうか。評議の感想、なんてどう解釈すればいいのでしょうか。人の関心は「どうやって素人が判断を下すのか、量刑はどう決めるのか」に行き着くのではないでしょうか。それこそ守秘義務ですよね——

　ハ　書面で説明文を渡した方がいいという意見もありますが、どう思いますか

　——そう思います。上記のように具体例を挙げて欲しいです——

ニ　事件後誰にも話せないことについての感想

――しょうがないと思います。守秘義務がある、だけでなく、体験した人でないと、この大変さ、つらさはわからないと思います。また周囲も、聞いてはいけない、または関心がない、というのがあると思います。私が未経験者だったら、経験者に何と声をかけていいかわかりません――

ホ　裁判員の体験、評議の体験を社会やこれから裁判員になるひとに伝えたいという気持ちはありましたか（直後でもその後でも）

――直後は、疲れたからほっておいて、という気持ちがありました。記者会見に応じなかった理由の一つでもあります。その後、疲れが取れると（笑）私自身が抱いていた不安の理由が「裁判員候補者に待ち受けている事が何だかわからないことへの不安」だったので、同じ思いを持つかも知れない方々への情報の一つとして私の経験がお役に立てていただければと思いました――

(8)　**記者会見について**

イ　記者会見について、裁判所から説明ありましたか

――全く無かったです。記者会見のアンケート（出るか出ないか、とか、どこまで個人情報を出していいか、など）だけ配られて「記入して箱の中に入れて下さい」だけでした――

ロ　応じましたか

――応じませんでした――

・理　　由

――1つめ。全く新聞などに載ってない事案だったので、記者会見もないでしょう。2つめ。何も説明がないものに協力はできません。3つめ。早く帰って仕事をしなきゃ、疲れたし。と思いました――

・印　　象

――それまで裁判官や裁判所の事務方の方々に好印象を持っていたので、最後の最後でどんでん返しが待っていた、という感じです――

(9)　**審理終了後**

イ　裁判員任務終了時点でどんな感想でしたか　当初の予想と比べてどうでしたか

## 1　千葉地裁Ａさんからのインタビュー（平成24年７月20日実施）

——「被告人がもう２度と犯罪組織とは関わらないと心から反省し、罪を償った後、国のお父さんのところに戻って新たな人生を歩み始めた時にやっと私たちの任が終わるのかな、と思います。」というようなことを評議室で感想を述べました。今でも同じです。被告の更生と将来を案じます。

　裁判員等経験者には犯罪抑止力が働くと思います。「法に触れることをして裁判になるとこんな目に遭うぞ」というのを目の当たりにしますので——

　ロ　達成感はありましたか

——裁判所のドアを開けて、やっと終わった……ふぅ、と思いました——

　ハ　心理的負担はどうでしたか。アンケートや交流会では心理的負担ある人が多かったようですが、その点どう思いますか

——私は凄惨な事件でなくてもストレスを感じました。人にもよると思いますが、裁判員等になることは自分の意志ではないので、心理的負担を感じる人はかなりのパーセンテージになると思います。実際に法廷に身を置き、関係者のやりとりを聞きながら、裁判員の職務の意義を見いだし、その結果が非常に高い割合の「良い経験」につながると思いますが。あのアンケートは「良い経験」でなく、「貴重な経験」に文言を変えた方がいいような気がします。裁判員は犯罪行為を追体験する気持ちになります。裁判官がこの点をどう乗り越えて日々の職務にあたっているか知りたいです。慣れてしまっているのでしょうか。それともドライでいられるこつなどあるのでしょうか——

　ニ　被告人の今後について気になりましたか

——気になります——

　ト　控訴されたかどうか、裁判所からの連絡はありましたか

——ありません——

　・この点の課題

——裁判所のHPでわかるようにはならないでしょうか。自分の裁判員IDを入力すると見られる、など関係者のプライバシーに配慮して……——

⑽　裁判員経験者の相互交流について

　イ　裁判員経験者同士交流の機会はもてましたか

——同じ裁判の裁判員同士は、ほとんど交流はありませんでした。昼食後

女性同士で少し雑談をする程度でした。プライバシーは聞いてはいけない、と思いました。名前も知らないですし性別も年代も職業もまちまちで、交流の接点を見つけづらいと思います。裁判終了後連絡を取り合いたいとは思いませんでした――

　ロ　どのような機会で可能となったのですか
　――裁判員を終了後、裁判（員）制度についてもっと知りたいと思いインターネットでいろいろ調べているときに出てきた「刑務所のいま」のセミナーに興味を持ちました。そのセミナーの１回目に参加した時、裁判員経験者ネットワークの存在を知り、登録しました――

　ハ　相互交流の効果は
　――先日初めて交流会に参加し、話をいろいろ聞いていただきました。これからも参加し、いろいろなことを知りたいと思いますし、自分の経験が他の方のお役に立てればいいな、と思います――

　ニ　裁判所は連絡先教えあって良いと説明してくれましたか。また、事後的に斡旋してくれると説明してくれましたか
　――両方とも説明はありません――

　ホ　裁判所はそうすべきと思いますか
　――すべき、とは思いません。すべては自発的の方がいいと思います。交流団体と個々の経験者との相性もあると思いますし、もう関わりたくない、などいろいろな考えもあります。裁判所は本来の業務で忙しいはずなので、そちらに専念していただきたいです――

　ａ　裁判員経験者ネットワーク有志が行った最高裁へこの点の提言を知っていますか
　――知りませんでした――

　ｂ　裁判員個人も斡旋仲介の依頼を裁判所にしたことありますか
　――私はないです――

⑾　**これから裁判員になる人への助言**
　イ　今日みたいに裁判員経験者から予め体験をきいていたらはじめて参加のときに参考になったと思うか。また、また裁判員に選任されたらやってみるか

——思います。退職後だったらいいかもしれませんが、在職中はかんべんしてほしいです。同じ人がやるより、やっていない人にやって欲しいです——

□　死刑求刑事件の場合はどうですか

——実際にそうなったらやるでしょう。殺人事件だからやりたくありません、というような辞退の仕方はできますか？　私は死刑制度には賛成なので、そういう選択肢もあり、と思います。かなり苦しむとは思いますが死刑を求刑される人はそれなりの罪を犯している可能性のある人と思います——

⑿　今後の裁判員経験者の役割

——一通り経験している、ということで、この制度について社会に知ってもらうという意味でPR活動などに参加する、また制度改善へ意見を出す、などできるのではないでしょうか。未経験者の不安もわかりますので、その立場に立ってのアドバイスなどできると思います——

⒀　その他裁判員経験者の体験や課題について自由にお書き下さい

——裁判員にあたったことを他人に話したときに返ってくる反応にショックを受けました。「忙しい忙しいと言っておきながらよくそんなものに「立候補」したよね。」やりたい人が登録しておいたり、立候補する制度ではなく、くじで誰もがなる可能性がある制度だということの周知をしてほしいです。「私は裁判員制度に反対なんだよね」とまるで私が死刑執行人のようにけちょんけちょんに言った人。私自身を否定されたようでちょっと悲しくなりました。休んでもいいけど仕事は滞りなくやっておいてね、のニュアンスたっぷりの上司。メールの返事では「何の審判員やったの？」スポーツの審判員と間違えています。（←これには爆笑しました）

　これらに共通するのはこの制度への理解がまだまだ足りない事だと思います。経験者が声を出して裁判員制度の理解を進める必要がありますが、国（裁判所や検察）が、弁護士（会）が、もっとバックアップしてくだされば、と思います——

## 2 小田さん、松尾さんからのインタビュー（平成24年5月10日実施）

序論　インタビューの趣旨
1点　これから裁判員になるかもしれない市民に裁判員になったらどんな毎日を送るのかを知ってもらう
2点　裁判員として審理評議に参加した感じた印象や課題点と思ったことを話してもらう

(1) **最初の質問（自己紹介兼ねて）どんな事件で何日間裁判員を務めましたか**
・小田さん
――東京地裁・強盗致傷・4日間――
・松尾さん
――仙台地裁・強盗殺人・7日間――

(2) **選任手続まで**
イ　前の年の11月末ころに翌年の裁判員候補者名簿に登載された通知が届き翌年さらに具体的事件について、裁判員候補者として呼び出しの通知が届きますが、その呼び出し通知についてお聴きしますが、審理日数が記載されていて、罪名等の他の情報はなしですか
・2人とも
――はい――
ロ　選任手続でなにか課題とか感想はありましたか
・松尾さん
――集団で手続進行し、こんな簡単な手続で大切な裁判員を選任していいか疑問に思いました――
ハ　最後の選任の抽選は、公開の場で抽選してほしいとの意見はどう思いますか
・小田さん
――意図的な選任があるかもとの疑念を払拭するためにも公開にした方が良い　方法をどうするかの問題はありますが――
ニ　勤務者にとって選任されれば裁判員として審理のために一定の日数を

2 小田さん、松尾さんからのインタビュー（平成24年5月10日実施）

拘束されることについて職場の理解をえるためにも職場にも通知してほしいとの裁判員経験者の意見がありますが、どう思いますか
　・小田さん
　──是非そうするべきだと思う。会社への説明責任があるのに、それを個人に任せていることはおかしいと思います。特に中小企業などでは厳しいはずです──
　・松尾さん
　──その方がベターと思うが自分で説明してもいいと思います。ただ、企業側も裁判員として拘束されることを理解して協力できるよう努力をしてほしいと思います──
　ホ　選任後、法廷に入る前に裁判長から刑事裁判の基本ルールを説明されるはずですがこの説明が有ったこと、その内容は当時理解できましたか、審理中も意識しましたか
　・松尾さん
　──はい──
　・小田さん
　──無罪推定とか疑わしきは被告人の利益にとか説明が有ったような気がするし、その後も意識はしたが印象は薄かったので、書面でしっかり説明する時間は必要と思います──
(3)　**審理開始初日**
　イ　法廷に入った瞬間の印象は
　・松尾さん
　──単純に「オー」という感じです。初めて入ったので──
　・小田さん
　──裁判傍聴すらしたこと無かったので壇上に座ることに不思議な感覚がありました。入った瞬間に緊張と圧迫を感じました──
　ロ　その日法廷でどんな審理が行われるかとか全体の審理日程も説明されましたか
　・松尾さん
　──タイムテーブルを渡されたので、意味はともかく日程は解りました──

ハ　検察官、弁護人からこれから証拠で立証しようとする内容の説明が最初にあったはずですが（冒頭陳述といいます）わかりやすい工夫とかありましたか、またどちらがわかりやすかったですか　理解できましたか

・小田さん

――理解するためにメモをとりました。ですが話が進むにつれ全体像が見えなくなって疑問点が出てきて私だけ理解できてないか不安になりました――

・松尾さん

――検察官の方が工夫されていて配付資料やパワーポイントも効果的でわかりやすかったので印象的でした――

ニ　検察官の方が印象的だった点について裁判所から何か注意はありましたか

・松尾さん

――印象に残ったとか説明が上手かということと、事実をきちんと判断することは別の問題ですから印象に引きずられないように注意してくださいと言われました――

ホ　冒頭陳述の疑問点はその後解消されましたか

・小田さん

――初日の最後評議室に戻ってきたとき裁判官に質問することができて、理解できていないのは自分だけでなかったとわかりほっとしました。裁判官からは丁寧な説明がありました――

ヘ　証人尋問について　質問の意図等はわかりましたか

・松尾さん

――心理面に関する仕事をしている関係もあってか引き出したい答えが見え見えで面白かったです――

・小田さん

――はい。よくわかりました――

(4)　2日目以降

イ　初日と審理に立ち会う際心境に変化はありましたか

・小田さん

2 小田さん、松尾さんからのインタビュー(平成24年5月10日実施)

――初日は被告人を見るときどうしても犯罪者を見る目になっていた2日目になってその感覚は消えて審理に集中できるようになりました――

ロ　昼食の過ごし方は

・松尾さん

――仙台地裁の方針ということで評議室でいつも裁判所の弁当でした。種類も1種類の大、小だけです。食堂もやんわり禁じられました。おそらく注目事件だからでしょうか――

・小田さん

――初日は裁判官と一緒、2日目は食堂に行ったが視線が気になって、3、4日目は評議室で食べました――

(5) **論告、弁論またはそれまでの審理での検察官、弁護人の印象**

イ　理解できましたか、検察、弁護人どちらがわかりやすかったですか

・松尾さん

――検察の方が資料作りも上手でプレゼン能力も上でした――

・小田さん

――検察側は視覚に訴える資料があり、弁護人は長文の紙のみで最初は印象が良くなかったが、裁判が進むにつれ弁護人の説明もわかりやすく最終的にはどちらもわかりやすかったです――

ロ　裁判員として参加する前に、公判前整理手続で、予め争点整理され、立証予定決まっている点をどう思いますか

・松尾さん

――裁判員として評議までいったときは証拠も評議も十分だったと思ったが、私の事件は高裁で破棄差し戻しされ、公判前整理手続も不十分、事実認定も批判されたので、今としては公判前整理手続の経過も知らせてもらって意見を言えるようにしてほしかったと思います――

(6) 評　　議

イ　どんな点に注意して参加しましたか

・小田さん

――一方向だけからでなく、いろいろな角度から考えるように心掛けました――

ロ　裁判員の名前は名乗り合いましたか、番号とかABCとかですか
・松尾さん
——番号でよぶことになっているということで番号でした——
・小田さん
——原則は番号だが皆さんが希望すれば本名でも良かったです。結果名前で呼び合いました——

ハ　番号で呼び合うことにした結果、不愉快な思いがありましたか
松尾さん
——本名も良い方法と思いますが幸い私の場合は番号がニックネームのように使われたので雰囲気は平気でした——

ニ　意見は十分言えましたか
・2人とも
——はい——

ヘ　裁判所は裁判員に自由にはなさせる雰囲気でしたか
・2人とも
——はい——

ト　時間は足りましたか
・松尾さん
——足りたと思っていましたが、破棄、差戻しされているので足りなかったのか疑問も出てきています——

チ　評議の時間足りないときのための予備日の提案もありますがどう思いますか
・2人とも
——賛成——

リ　結論でたあと判決文案を裁判官が作成したと思いますが裁判員もそれについて予め見せてもらったり意見を言えましたか
・2人とも
——書面で皆で点検できたし意見も言えました——

ヌ　検察官に立証責任ありしかもその証明の程度も常識に従って疑いない程度までの証明が必要とのことは最終評議でも説明がありましたか

## 2　小田さん、松尾さんからのインタビュー（平成24年5月10日実施）

・小田さん

――はっきり覚えていません――

・松尾さん

――ありました――

(7) **守秘義務について**

イ　裁判所から説明ありましたか

・小田さん

――あったと思いますが、詳しい記憶はありません――

ロ　どこまで話せるかわかりましたか

・小田さん

――明確な線引きがなされていないので結局良くわかりませんでした。なにも話さなければいいと思いました――

ハ　書面で守秘義務の範囲の明確な説明文を渡した方がいいという意見もありますがどう思いますか

・2人とも

――賛成です。しかも具体例を挙げてのほうがなお良いと思います――

ニ　事件後誰にも評議の内容を話せないことについての感想

・小田さん

――誰も聞いてこないことに違和感を覚えた　周囲の人が訊いてはいけないと思っています――

・松尾さん

――事件後は面白い話はできるので余り気にならなかったが破棄差し戻しされたあとは、自分たちの評議が否定されたのに具体的な反論できないのはキツイです。どんなに真剣に議論したのか一切言えない。これは言われっぱなしになるなという感想です――

ホ　裁判員の体験、評議の体験を社会やこれから裁判員になる人に伝えたいという気持ちはありましたか（直後でもその後でも）

・小田さん

――最初からありましたが、裁判員になるとき調べたが情報がありませんでした。食事や服装程度の情報も知りたかったので今は尋ねられたら返答し

たいと思います——

(8) **記者会見について**

イ　記者会見について、裁判所から説明はありましたか

・小田さん

——会見は裁判所が主催するのでなく記者クラブで、参加は自由でした——

ロ　応じましたか

・小田さん

——それも含めて裁判員の務めだと思っています——

・松尾さん

——1回位記者会見やってもいいかなと思いました——

ハ　印　　　象

・松尾さん

——当時仙台で最長の否認事件でしたので「大変でした」と答えてほしいのが見え見えでがっかりしました・自分は頑張って真剣に取り組んだという充実感を語りたかったのに……——

・小田さん

——記者の方が少ないなと感じました。それと形式的な質問だけでした——

(9) **審理終了後**

イ　達成感はありましたか

・小田さん

——ありました——

ハ　心理的負担はどうでしたか

小田さん

——当時はそれほど感じなかったが、その後控訴、上告まで請求していると知って、負担を感じつつあります——

ニ　被告人の今後について気になりましたか

小田さん

——気になりました。それを見届けることも関わった者として当然と思い

## 2 小田さん、松尾さんからのインタビュー（平成24年5月10日実施）

ます――

ト　控訴されたかどうか裁判所からの連絡はありましたか。日程はわかりましたか。また、この点について課題はありますか

・小田さん

――控訴されたことは裁判所から通知はありましたが、日程の連絡はありませんでした。控訴したかどうか、日程も希望者には教えてほしいと思います。責任を持って判決を下すことに関わったからこそ当然の希望で、結審するまで、被告人が更生するまで見届ける必要があると思っています――

・松尾さん

――連絡はありませんでした――

⑽　**裁判員経験者の相互交流について**

イ　裁判員経験者ネットワークという市民団体に入っていますね

・2人とも

――はい――

ロ　そこでは交流会等と市民への情報伝達等もしていますが、入会した動機は何でしょうか

・小田さん

――裁判員経験者が裁判員制度について感じたことなどをこれから裁判員になる方に伝える場があっていいと思って参加した。弁護士、臨床心理士も参加しているので疑問や質問が出来る機会でもあります――

・松尾さん

――心理的負担を訴える方が多くて驚いた。癒しの空間となっているが自分は交流仲間と出会いたかった。その出会いから課題の提言とか仲間と検討が出来て嬉しい――

ハ　相互交流の効果として多数の方が心理的負担が軽くなったと述べていますがそれは交流会で感じましたか

・2人とも

――はい――

ニ　裁判員経験者5名で提言作成し全国60箇所の裁判所に提出したとのことは新聞報道もされていますが関与してますか

・2人とも

──はい──

ヘ　提言のうち、日弁連提言とは違ってユニークな提言もありますね。裁判官も記者会見したほうが良いとか、先ほどの松尾さんの破棄、差戻しにからむけど公判前整理手続の経過も出来るだけ知らせてほしいとか。これらも交流会での議論がきっかけですか

・2人とも

──はい──

ト　これから裁判員になるかも知れない人に最後に何か言っておきたいことがあればどうぞ

・小田さん

──制度についての意見は人それぞれなので、参加した方がいいです、とまでは私には言えません。　声が掛かった場合は裁判を考える良い機会であることは間違いないと思っています。自分で確認して感じることに意義はあると思います──

・松尾さん

──よく『また裁判員をやりたいですか？』と訊かれますが、免除期間が過ぎて、家庭や仕事の環境的に可能であればやってみたいとは思っています。ただ、裁判員制度は、裁判についてド素人が真剣に議論することに意味があると思うので、私が2回目をやるというよりは広く皆さんにやっていただきたいと思っています──

(まきの・しげる)

# 第2章
# 裁判員裁判の仕組み

大 城 　 聡

## 1　裁判員制度の概要

### (1)　刑事裁判への市民参加

　2004年5月21日「裁判員の参加する刑事裁判に関する法律」（以下、「裁判員法」という。）が成立し、2009年5月21日から裁判員制度が始まった。裁判員制度とは、無作為に選ばれた市民が裁判員として刑事裁判に参加し、被告人が有罪かどうか、有罪の場合どのような刑にするかを裁判官と一緒に決める制度である。裁判員裁判は、裁判官3人と裁判員6人で行う。
　裁判員裁判の対象となるのは、一定の重大な犯罪に関する事件だけである。例えば、殺人罪、強盗致死傷罪、人の住居等に放火する現住建造物等放火罪、身代金目的誘拐罪、無謀な運転により事故を起こして人を死なせる危険運転致死罪等に関する裁判が対象となる。

### (2)　裁判員の選ばれ方

　裁判員は、次のように選ばれる[1]。
　まず、地方裁判所ごとに管内の選挙管理委員会がくじで選んで作成した名簿に基づき、翌年の裁判員候補者の名簿を作成する。裁判員候補者名簿に記載されたことが、各人に通知される。毎年11月ころに一斉に通知が発送される。この時に就職禁止事由や客観的な辞退事由に該当しているかどうかなどを尋ねる調査票が同封されている。この裁判員候補者名簿の中から、事件ごとに、くじにより裁判員候補者が選定される。その事件についてくじで選ば

---

(1)　最高裁判所「裁判員制度　裁判員の選ばれ方」
　　http://www.saibanin.courts.go.jp/introduction/how_to_choose.html

れた裁判員候補者に選任手続期日のお知らせ（呼出状）が送付される（辞退事由の有無等を確認するための質問票も同封されている）。ここまで辞退事由がない人は、呼出状で指定された当日に裁判所で選任手続を行うことになる。必要があれば、裁判長から裁判員候補者に対して、辞退希望の有無、理由、不公平な裁判をするおそれの有無等について質問がされる。また、弁護人と検察官は、それぞれ4人まで理由を述べることなく、不選任請求をすることができる。裁判長は、不公平な裁判をするおそれがある裁判員候補者を不選任決定することができる。不選任や辞退になった裁判員候補者を除いた人たちの中から、くじで6人の裁判員と数人の補充裁判員が選任される。

(3) **裁判員の役割**

最高裁のホームページ「裁判員制度　裁判員の仕事や役割」は、裁判員の仕事や役割を、①公判に立ち会う、②評議・評決、③判決宣告・裁判員の任務終了の3つに整理している[2]。

裁判員は、刑事裁判の法廷（公判）での審理に関与する。法廷では、証人や被告人に対する質問等が行われ、裁判員も裁判長の許可を得て質問することができる。また、証拠として提出された物や書類の取調べも行う。これが①公判に立ち会う裁判員の役割である。

次に、②評議・評決では、裁判員は、証拠に基づいて被告人が有罪か無罪か、有罪だとすれば、どのような刑にするかを裁判官と共に評議し、決定する。対象の事件は重大事件のため、裁判員となった人は、被告人を死刑にすべきかどうかの判断を求められることもある。

評議の結果、判決の内容が決まると、法廷で判決が宣告される。裁判員は、判決の言渡しに立ち会うことが求められる。ここまでが裁判員の役割である（③判決宣告・裁判員の任務終了）。

## 2　制度導入の経緯

2001年6月12日に提出された司法制度改革審議会意見書の「Ⅳ　国民的基

---

（2）　最高裁判所「裁判員制度　裁判員の仕事や役割」
　　　http://www.saibanin.courts.go.jp/introduction/work_and_role.html

盤の確立」の中で裁判員制度の構想が示された[3]。同意見書は、「21世紀の我が国社会において、国民は、これまでの統治客体意識に伴う国家への過度の依存体質から脱却し、自らのうちに公共意識を醸成し、公共的事柄に対する能動的姿勢を強めていくことが求められている。国民主権に基づく統治構造の一翼を担う司法の分野においても、国民が、自律性と責任感を持ちつつ、広くその運用全般について、多様な形で参加することが期待される。」として、司法へ国民が参加するに際しては、「司法制度を支える法曹の在り方を見直し、国民の期待・信頼に応えうる法曹を育て、確保していくことが必要である。国民の側も積極的に法曹との豊かなコミュニケーションの場を形成・維持するように努め、国民のための司法を国民自らが実現し支えていくことが求められる。」とした。

同意見書は、「刑事訴訟手続において、広く一般の国民が、裁判官とともに責任を分担しつつ協働し、裁判内容の決定に主体的、実質的に関与することができる新たな制度を導入すべきである。」として、裁判員制度の骨格を示した。

2001年12月1日司法制度改革推進本部が発足し、制度設計の検討に入った。ここで最大の争点となったのは、合議体を構成する裁判員と裁判官の人数であったが、最終的には、裁判員6人、裁判官3人を原則とすることが決まった。

国会では、裁判員等の守秘義務違反の罰則を引き下げる修正がなされた上、2004年5月に裁判員法が成立し、その後、「部分判決制度」などを盛り込む一部改正が行われて、2009年5月21日に施行された。

## 3 なぜ刑事裁判に市民が参加するのか

### (1) 最高裁判所の見解

最高裁判所は、ホームページの「裁判員制度Q&A」で「どうして裁判員制度を導入したのですか」「これまでの裁判に何か問題があったのですか」

---

(3) 司法制度改革審議会意見書
　　http://www.kantei.go.jp/jp/sihouseido/report/ikensyo/

という質問に対して、次のように回答している[4]。

「これまでの裁判は，検察官や弁護士，裁判官という法律の専門家が中心となって行われてきました。丁寧で慎重な検討がされ，またその結果詳しい判決が書かれることによって高い評価を受けてきたと思っています。

しかし，その反面，専門的な正確さを重視する余り審理や判決が国民にとって理解しにくいものであったり，一部の事件とはいえ，審理に長期間を要する事件があったりして，そのため，刑事裁判は近寄りがたいという印象を与えてきた面もあったと考えられます。また，現在，多くの国では刑事裁判に直接国民が関わる制度が設けられており，国民の司法への理解を深める上で大きな役割を果たしています。

そこで，この度の司法制度改革の中で，国民の司法参加の制度の導入が検討され，裁判官と国民から選ばれた裁判員が，それぞれの知識経験を生かしつつ一緒に判断すること（これを「裁判員と裁判官の協働」と呼んでいます。）により，より国民の理解しやすい裁判を実現することができるとの考えのもとに裁判員制度が提案されたのです。」

また、2015年11月に発送された裁判員候補者名簿掲載通知に同封された最高裁判所長官の手紙には、「価値観の多様化，相対化の進む現代においては，事件の真相をとらえ，多角的な観点から検討を加えた質の高い裁判を行うことが求められています。裁判員制度は，国民の皆様の様々な視点を審理に反映することを可能とする制度であり，そうした裁判を実現する上で大きな助けとなっていると思います。」とメッセージが添えられている[5]。

(2) **検察庁・法務省の見解**

検察庁のホームページから「裁判員制度」をみると、「法務省　裁判員制度コーナー」にリンクされている。そこでは、「裁判員制度導入の理由」について、「国民の皆さんが裁判に参加することによって，国民の皆さんの視点，感覚が，裁判の内容に反映されることになります。　その結果，裁判が

---

(4)　最高裁判所「裁判員制度Q＆A」
　　　http://www.saibanin.courts.go.jp/qa/c1_1.html
(5)　最高裁判所長官からのごあいさつ
　　　http://www.saibanin.courts.go.jp/vcms_lf/h27_kisai_2.pdf

3　なぜ刑事裁判に市民が参加するのか

身近になり，国民の皆さんの司法に対する理解と信頼が深まることが期待されています。そして，国民の皆さんが，自分を取り巻く社会について考えることにつながり，より良い社会への第一歩となることが期待されています。国民が裁判に参加する制度は，アメリカ，イギリス，フランス，ドイツ，イタリアなど世界の国々で広く行われています。」と記されている[6]。

(3)　日本弁護士連合会の見解

日本弁護士連合会（日弁連）は、裁判員制度に関するホームページの中で、「どうして市民が刑事裁判に参加するの？」というコーナーで次のように記している[7]。

「裁判員制度は、市民が刑事裁判に参加して、裁判官と一緒に、有罪・無罪を判断し、有罪の場合は言い渡す刑罰を決める制度です。本当に犯罪を行った人に対して適正な刑罰を科すことは、私たち市民が安全に暮らすために必要なことです。しかし、誤って無実の市民に刑罰を科してしまったら、その市民の自由や権利は不当に奪われてしまい、その打撃は本人のみならずその家族にまでも及びます。ですから、人に刑罰を科す前に、本当にその人が犯罪を行ったことに間違いないのか、慎重に判断する仕組みが必要です。

市民が刑事裁判に参加する制度は、市民の自由や権利が不当に奪われることを防止するために、重要な役割を果たします。さまざまな経験や知識を持った市民が、その常識に照らして「疑問の余地はない」と確信してはじめて、有罪とする。そのような仕組みが、市民のかけがえのない自由や権利を守るのです。市民の司法参加は、国民主権を実質化し、司法の国民的基盤を確立するためにも必要不可欠な制度です。市民の・市民による・市民のための裁判が実現することによって、司法に対する理解が深まり、信頼が高まることが期待されます。」

さらに、「市民の経験や知識が、刑事裁判の質を高めます」、「みなさんの常識が、市民の自由や権利を守ります」として、無罪推定の原則等から市民

---

(6)　法務省裁判員制度コーナー
　　http://www.moj.go.jp/keiji1/saibanin_seido_gaiyou01.html
(7)　日本弁護士連合会「裁判員制度　どうして市民が刑事裁判に参加するの？」
　　http://www.nichibenren.or.jp/ja/citizen_judge/about/simin_sanka.html

参加の意義を記している。

## 4　裁判員制度の運用状況

　裁判員制度の運用状況は、最高裁判所のホームページで随時報告されている[8]。制度施行から7年半を経過した裁判員制度の運用状況は次のとおりである[9]。

### (1)　裁判員の選任状況

　この間、220万人以上が裁判員候補者となり、そのうち7万人以上が裁判員または補充裁判員として実際に刑事裁判に参加している。

　より詳細にみると、制度施行から2016年9月末までに全国60の地方裁判所（10支部を含む）において53,233人が裁判員を経験し、18,110人が補充裁判員を経験している。

　選任手続期日に出席した裁判員候補者の割合は、制度開始時の40.3％から年々低下しており、2014年は26.7％、2016年（9月末まで）は24.4％となっている。一方で、選定された裁判員候補者のうち、辞退が認められた裁判員候補者の割合は、制度開始時の53.1％から上昇しており、2014年は64.4％、2016年（9月末まで）は64.2％となっている。

### (2)　裁判員裁判による判決

　裁判所のまとめによると、2016年9月末までに裁判員裁判で判決又は決定が言い渡された被告人（判決人員）は9,430人で、その内訳は9,177人が有罪、57人が無罪、9人が家庭裁判所への移送（少年法55条による家裁移送決定）となっている。裁判員裁判で扱われた事件の罪名別人数は、殺人事件が2,133人で最も多く、次いで強盗致傷が2,038人、以下、傷害致死が913人、現住建造物等放火が894人、覚せい剤取締法違反が780人と続いている。

---

(8)　裁判員制度の実施状況について【データ】
　　http://www.saibanin.courts.go.jp/topics/09_12_05-10jissi_jyoukyou.html
(9)　裁判員裁判の実施状況について（制度施行〜平成28年9月末・速報）
　　http://www.saibanin.courts.go.jp/vcms_lf/h28_9_saibaninsokuhou.pdf

## 5　裁判員法の改正

　裁判員法は付則で施行3年後に見直しを検討するよう規定していた。政府は2014年10月に見直しを受けた改正案を提出し、衆議院の解散により審議未了で一度廃案になったが、2015年6月5日、改正裁判員法が一部修正されて成立した。

　改正法では、裁判員裁判の対象事件について、「審理期間が著しく長期で、裁判員の確保が困難と裁判所が認めるとき」に除外可能となる理由が加えられた。ただし除外の基準となる審理日数等は定められておらず、裁判員の負担を考えて事件ごとに判断するとされている。また改正法は、性犯罪の裁判員選任手続で裁判官が被害者の住所や氏名を明らかにするのを禁じる規定を新設するとともに、東日本大震災のような大規模災害の被災者は裁判員候補から外せるようにすると明記した。

　これらに加えて、重要な改正点として、今回の改正法の施行から3年後に再び制度の見直しを検討することが盛り込まれた。これは政府が提出した改正案にはなかったもので、2015年5月15日衆議院法務委員会で付則9条に代わる見直し規定を盛り込む修正案が可決されたものである。またこの時、裁判員経験者等の国民の視点から制度の見直しを行うこと、守秘義務を含めて法務委員会で論点になった事項について引き続き見直しを検討することという付帯決議が全会一致でなされた。

　裁判員制度の課題は、今回改正された点にとどまらない。たとえば、裁判員の心理的負担の問題や守秘義務の問題等については、制度施行以前から検討の必要性が指摘されてきたにもかかわらず、今回は何ら見直しが行われなかった。本書では、これらの問題について、以下、具体的に取り上げて検討する。

（おおしろ・さとる）

# 第3章
# 裁判員体験の共有と裁判員への対応

牧 野 　 茂

## 1 裁判員経験者ネットワークの設立

　裁判員は、日常生活とは相当異なる体験であり、様々な心理的反応があるため、やりがいや充実感もあるが、他方、相当重い心理的体験である。裁判員になる前には予想も出来ていない体験である。

　そのような体験をした裁判員経験者が任務の終わったあとで孤立したままでいると、貴重な非日常の体験が話せないまま社会に伝わらない。また経験者同士で自由に感想を話して、いくらか気持が楽になりたいとの思いが、経験者から生じてきたのも自然なことであった。経験者を見守る市民団体からの、そのような場を作りたいとの思いと重なり、裁判員経験者ネットワーク（以下、「経験者ネットワーク」とも称する。）が設立された。

　経験者ネットワークは2010年8月3日司法記者クラブで設立記者会見をしてスタートした。交流会で裁判員経験者の体験を共有化することと、仲間と感想を語り合って裁判員経験者の心理的負担を緩和することが中心的な目的であった。

　ホームページを開設し[1]、登録した裁判員経験者に連絡して交流会を開催することから活動開始となった。この記者会見は全国紙各紙、ジャパンタイムズ等で広く報道された。

　2010年9月20日、経験者ネットワークの第1回交流会が開催された。7名の裁判員経験者が集まり、また弁護士、協力研究者も集合し、メディアが取材した。参集した裁判員経験者によると、交流して戦友にあったようにうれ

---

（1）　経験者ネットワークのホームページには、交流会へ参加するための登録方法や活動報告が掲載されている。

しかったこと、被告人のその後の運命を考え続けていたが自分だけでなくほっとしたことなどが語られた[2]。

その後、2016年10月末までに2か月に1回のペースで30回の交流会が重ねられた。

内輪の非公開の裁判員経験者の交流会であり、守秘義務の範囲や刑事手続に詳しい弁護士や臨床心理士が立ち会っていて、経験者の法的な疑問点や心理面のアドバイスが受けられ、グループワークで癒されている。

交流会の前半では緊張しても、後半ではすっかり打ち解けてリラックスし、2回目以降は最初からリラックスするなど、交流会が心理的リラックスに継続的効果があることが実感された。使命感を持って経験や課題を市民に伝えたいとする経験者も現れた。

経験者ネットワークのほかにも、裁判員経験者の交流組織として、関西初の交流会を開催し市民の視点からの学習・実情の検証・提言を行う「社会福祉法人大阪ボランティア協会　裁判員ACT」、愛知県を中心として裁判員経験者の相談に応じたり法曹三者に制度の提言をしている「市民の裁判員制度めざす会」、経験者による交流会・勉強会・市民講座への講師派遣等を行うLJCC（Lay Judge Community Club）、九州で経験者の語りの場を作っている「裁判員交流会インカフェ九州」や、裁判員経験者と学生・市民・メディア・法曹との懇談の場として、専修大学において、飯考行教授が設営している「裁判員ラウンジ」がある。このような経験者相互交流組織がさらに広がることを期待したい。

## 2　経験者ネットワーク有志による緊急提言

2010年年末には、耳かき店殺人事件に始まって、裁判員裁判での死刑求刑事件が連続した。記者会見で涙ぐむ裁判員や誰も出席しない記者会見があった。死刑を言い渡した裁判官が控訴を勧める事件があった。

そこで、死刑という究極の刑を評議する裁判員の想像を絶するこころの負担が話題になった。

---

（2）　ホームページ最新情報　2010/9/21

第3章　裁判員体験の共有と裁判員への対応

このままこころのケアを裁判所が放置するのは許されないとして、裁判員経験者ネットワーク有志が最高裁判所長官に裁判員のこころのケアを緊急提言した[3]。提言への回答は無かったが、翌年になり提言の一つであった同じ裁判体の経験者同士の交流促進が実現した。

## 3　裁判所の対応

### (1)　裁判所の意見交換会

東京地裁では、現在では、2か月に1回、8人くらいの裁判員経験者を招いて、裁判長が司会をして、様々な角度から意見を聞き取る意見交換会を開催している。

### (2)　残酷な証拠への配慮

2013年3月の裁判員裁判で急性ストレス障害を受けた裁判員経験者が、裁判員制度は違憲であるとして、同年5月福島地裁に国家賠償請求訴訟を提起した。

2014年9月30日、その判決が言い渡された。裁判員制度の違憲性だけ争点のため、国賠請求訴訟は棄却されたが、裁判員としての今回の任務により残酷な証拠を見たことと急性ストレス障害には因果関係があると判示し、かつ公務員に準じて補償を受けられる立場にあったとしている点が注目される。

この訴訟は裁判所全体に衝撃を与えた。訴訟提起後の2013年7月、東京地裁刑事部は、裁判員の心理面への配慮として、「残酷な証拠は必要性が高くなければ採用しない。採用する場合には選任手続で告知して、辞退したい方は自由に辞退を認める。審理中も裁判長は裁判員の心身の状態に常に注意する」と打ち合わせ事項を改めた。最高裁もこの方針らしい。

この訴訟が、裁判員の心理的負担が残酷な証拠等により加重にならないように裁判所が裁判員のケアにこころがける運用改善のきっかけになった。

### (3)　裁判所の広報活動

裁判所は、企業や学校等に対して、裁判員になったらどういう生活や体験になるのか、広報活動するようになった。

---

(3)　添付資料2　ホームページ最新情報　2010/12/10　2010/12/14　2011/1/21

(4) 臨床心理士を講師とする裁判官への講演会

裁判官は法律の専門家ではあるが、臨床心理やこころの負担のケアのプロではない。そこで、裁判官に対して、臨床心理士を講師として、裁判員の心理的負担の講演会が開かれるようになった。

歓迎すべきことではあるが、裁判員や裁判員経験者へのこころのケアは、本来、臨床心理士やカウンセラーを裁判所に常駐させて、直接裁判員の悩みに対応し、また、事後的にも、こころの専門家によるグループワークに任せるべきである。

## 4 「明治安田こころの健康財団」からの研究助成金と論文提出

(1) 助成金研究の調査と結果報告

2014年4月、財団法人「明治安田こころの健康財団」が裁判員経験者ネットワークの研究テーマ「裁判員裁判における裁判員の家族にも話せない苦痛の実態と軽減策」に対して研究助成金を提供してくれることになった。

そこで、経験者ネットワークは、裁判員の心理的負担の実情とそれを踏まえた解決策を提言すべく、基礎調査を開始した[4]。

2014年11月から2015年3月までの間に、青森から福岡までの全国各地の経験者から42名のアンケート回答が得られた。それを基に、弁護士、臨床心理士、協力研究者で面談調査を行った。

(2) 調査の結果報告

以上の調査結果を踏まえて、同年4月19日、こころの負担の理由や時期、軽減策について、公開シンポジウムを開催した。そこでは、裁判員の情報を知らないことによるストレスは情報を与えればよい、経験したことが原因のストレスには残酷な証拠への対策や裁判員を孤立させないことが重要であるとして、アメリカの軽減策の紹介もなされた。

同年6月、調査報告と提言の論文が財団に提出され、同年7月25日、研究報告がなされた。

(まきの・しげる)

---

(4) ホームページ表紙ニュース　2014/11/7「公益財団法人こころの健康財団の研究助成対象になりました」

# 第 2 部
# 臨床心理士と
# カウンセリング

# 第1章
# 臨床心理士から見た裁判員裁判

西村　寛子<br>堀内　美穂

## 1　臨床心理士の登場

### (1)　裁判員制度のセミナー開催

　NPO法人朝日カウンセリング研究会（ACO）は、カウンセリングのグループ学習の継続や、面接相談、電話相談等を提供していたが、裁判員制度が開始されることを知り、その準備として市民への裁判員裁判の知識と実習的な学習が必要であると考え、裁判員制度が施行される数年前より弁護士や裁判所関係者の協力を得て市民に向けての「裁判員制度のセミナー」を開催した。この時に関わった裁判所関係者は、「この制度が日本で始まるということは、司法界にとってフランス革命と明治維新がいっぺんにくるようなこと」と語り、弁護士は、「自分の目の黒いうちにこの制度が行われるとは予想もしなかった」と語っていた。法曹に関わる人たちにとっても、画期的な制度の開始だったのだ。

### (2)　模擬裁判への参加

　開始前に東京地裁では盛んに裁判員裁判の模擬裁判が開始された。臨床心理士たちは、模擬裁判の法廷見学会を行ったり、複数のメンバーで模擬裁判員に応募して市民目線での模擬裁判を体験した。それによってカウンセラー、臨床心理士にとっても、模擬であっても、刑事事件の被告人を目の当たりにして裁判員としての責務を負い、評議を重ね量刑を決めていく過程は、意義深くこころ動かされるものの、一方では重く悩み多いものだと実感した。模擬裁判員を担当したとき、専門の裁判官から、被告人の現実に犯した罪を、特定の事件に沿って裁くのであって、裁判員は、必要以上にその被告

人と被害者（同僚であった）の関係性や日頃の被告人の様子を考慮したりする必要はない、と言われた。裁判員裁判は、市民目線での参加にこそ意味があると思えるのだが、当時は裁判所も、市民を迎えるにあたって、専門家のやり方に沿って導いていこうとしたのだろうか。

(3) **最高裁への提言**

裁判員体験に伴って生じてくる心理的負担に対しては、裁判員の心のケアの課題が重大である。ACOは、市民が参加していく裁判員制度が意味あるものとして機能していくためには、裁判員体験に伴う裁判員の心のケアを図ることは必須であり、その用意が急務であることを痛感し、2009年5月、裁判員裁判が施行されると時を同じくして、「裁判員体験者の『こころのケア』に『アフターケア・グループ』導入の提言」[1]を、最高裁判所に提出した。裁判所でもアフタケアに電話相談や面接相談を個別に提供する用意をしていたが、気軽には利用しにくい状況であった。見守り手（弁護士や法曹関係OB、カウンセラーや臨床心理士等、最低2名）の居るなか、裁判員経験者同士の交流や体験の分かち合いによる緩やかなグループが必要である。それは安全で、裁判員体験による心理的負担とそこからの癒し、経験者同士の共感と体験の深化に役立つ、と考えたからである。

(4) **交流会の開催**

臨床心理士としてはブームが去りつつあったグループワークが、裁判員制度の評議（合議体としてのグループワーク）として別のかたちで復活したとの感慨を強く覚えた。その中で、裁判員体験に伴う心のケアが必須で最重要であることを痛感した臨床心理士や裁判員経験者と有志の弁護士や市民団体、研究者等で、「裁判員経験者ネットワーク」を立ち上げて、裁判員経験者のための交流会（非公開で経験者とネットワークの支援弁護士や臨床心理士らが立ち合う）を開催した。

## 2 臨床心理士の裁判員裁判体験談

以下、臨床心理士（堀内）が裁判員になった体験談を述べる。

---

(1) 後掲添付資料1。

## 2　臨床心理士の裁判員裁判体験談

### (1)　裁判員を体験して

　私は、2013年6月に裁判員に選任され、6日間の評議と公判に参加した。それまで裁判員裁判のことはよく耳にしていたものの、まだ身近に裁判員を経験した人がいなかったこともあり、全く他人事のようにとらえていた。裁判員選出のために裁判所に出頭しパソコンの抽選で自分の番号が読み上げられた時は、「面倒なことになった」と気が重かったが、「選出されたからにはやるしかないし、貴重な社会勉強でもあるわけだし、体験を仕事に生かせるかもしれないし……」と自分に言い聞かせて、裁判員を引き受けた。

　私は、精神科の病院で、患者の悩みや問題をうかがう臨床心理士の仕事をしている。裁判員を体験することで、事件に関わるとはどういうことなのかを知り、患者さんの問題により現実的に関与できるようになるかもしれないという思いもあった。一方、裁判に臨む自分に対しては「私は臨床心理士なのだから、どんな裁判内容であっても取り乱すことはないだろう。冷静に自分の感情をコントロールできるはずだ」と高をくくっていた。ところが実際は、とんでもないことだった。裁判は予想以上に強烈な体験で、次々と湧き起こってくる感情に圧倒された。気持ちが昂ぶったり、イライラしたり、不安になったり、鬱状態になったりと、精神的にも身体的にも非常に疲れた。6日間の裁判は連続ではなかったので、合間に出勤した際には、同僚の臨床心理士仲間に自分の体験を思い切り聞いてもらった。そのおかげで精神的にはかなり楽になったことを、身を持って実感した。

　心身共に疲れは感じたが、終わってみると、「裁判員裁判を体験できて良かった」と思えた。同じ裁判員仲間のほとんどが、「良い体験だった」「機会があればもう一度体験してみたい」との感想を述べられていた。確かに大変だったけれども、それを超える充実感と様々な気づきを得ることができた。しかし、テレビや新聞の報道から、「二度と体験したくない」「深い心の傷になってしまった」という裁判員経験者もおられることを目にすると、同じ裁判員体験者としてその気持もよくわかる。裁判員体験が苦しいものとして残った最たる要因として、判決の重さの違いが挙げられるが、「死刑」あるいは「無期懲役」の判決を出さざるをえなかった場合は、裁判員はどんなにか精神的に重い負担を抱えることになるかと胸が痛む。また個人の違いによっ

て、精神的にあまり動揺しない方もいれば、感受性が強く、敏感に反応される方もいるだろう。

　裁判員の精神的負担にはどういうものがあるだろうか。そもそも裁判員裁判の個人にとっての意義は何だろうか。裁判員を体験する市民の精神的負担を少しでも減らし、裁判員の体験を「充実した良い体験であった」と感じられるようにするには、どのような工夫が考えられるだろうか。一人の裁判員経験者として、また臨床心理士としての体験を語りたい。

(2)　**心理状態の変化**

　まず、裁判員選任時、裁判中、裁判最終日、裁判終了後と、時期によって変化した自分の心理状態を振り返ってみたい。

　先にも述べたが、裁判員に選任された時は、「面倒だ、負担だ」という否定的な気持ちが7割、「興味がある、良い体験になるかも」という肯定的な感情が3割ぐらいで混在していた。「面倒だ、負担だ」の理由としては、「法律の知識も全くない私が、人を裁く資格はあるのだろうか。」「仕事の調整をどうしよう」「家族や友人にはどの程度話していいものか。」「自分の意見をちゃんと話せるのだろうか。」「残酷な映像を見ることになるのか。」「被告人に恨まれないか。」といったもので、気が重くなったことを覚えている。しかし、気持ちの3割では、「今までテレビや新聞の報道で目にするだけだった司法の世界を体験できるチャンスだ」「家族や友人が聞いたら驚くぞ」といった好奇心もあった。

　裁判が始まると、毎回、朝、家を出て裁判所に向かう道中は、非常に気が重いものだった。「今日一日、何を見たり、聞いたりするのか。」「どんな話し合いをするのか。」「意味あることを言えるだろうか。」といった緊張と重圧を感じ、「行きたくない」と感じた朝もあった。

　公判が終わって、夕方、裁判所を一歩外に出ると、朝とは一転、緊張感から解放され、ハイテンションになっている自分を感じた。裁判の内容は守秘義務で言えなかったが、家族や友人に、裁判所の構造や裁判の流れ、裁判官、弁護士、検事の様子など、多弁に、面白おかしく語ってきかせた。自分が今、特殊で重大な任務に就いているような高揚感もあった。夜は、毎晩のように裁判所の夢を見たが、無機質な廊下を、集団で無言で歩いているとい

った、何か圧迫感のある夢が多く、眠りの浅い日が続いた。そして翌朝、裁判所に向かう時はまたどんよりした気分で……といった状態が繰り返された。

裁判最終日の心理状態として、2割程度の「疲労感、気持の重さ」があったが、8割では「解放感、充実感」を感じていたと思う。「疲労感、気持の重さ」の一番の要因は、「自分たちが出した判決が、被告人にとって本当に妥当だったのか。」「あの判決を受けた被告人の人生や、被告人の家族の人生はどうなるのか。」と、自分が被告人にとっての加害者となったような感覚にもなり、気持ちの重さが残った。一方、「解放感、充実感」としては、「最後までやり遂げた。司法の世界を体感した。裁判の流れを知った。何か自分なりに成長をした」といったもので、大変ではあったけれども、それに見合う満足感を得たように思う。

裁判員裁判を終え日が経ってくると、テレビや新聞のニュース報道が、以前より頻繁に意識に飛び込んでくるようになった。以前だったら聞き流していた事件に対し「この被告人はどういう心情で事件を起こしたのかな。どんな判決を受けるだろうか。」と自然と考えている自分を意識した。また、他の裁判員裁判の報道や、刑事もののテレビドラマを見ただけで、自分が参加した裁判の法廷での様子が瞬時に思い出され、気持が重くなることが度々あった。それは裁判員裁判が終了してから、半年ぐらい続いた。

(3) **心理的負担**

裁判員が感じる心理的負担としては、具体的にどのようなものがあったか。

① 私の周囲では、裁判員を経験した人はまだ誰もいなかったので、何も情報を得られないまま、不安な気持ちで初日を迎えた。評議や裁判の流れは事前に説明を受けるものの、どんな服を着て行ったらいいか、他の裁判員とはどの程度、雑談したり自分の個人情報を打ち明けたりするものか、法律の知識について、どの程度下調べをしていった方がいいのか、もし具合が悪くなったらどうしたらいいか、などといった些細な情報は、すでに裁判員を体験した人に聞くことができたら心強いのにと思った。

② 日常生活から切り離され、一日何時間も、少人数で部屋にこもって話

## 第1章　臨床心理士から見た裁判員裁判

し合う評議は、まるで隔離された自己啓発セミナーのような印象だった。外からの刺激が入らず密閉された空間で事件について考え続けていると、自分も事件現場にいたようなリアルな感覚とともに、被害者や加害者の立場になって感じてしまい、恐怖感、怒り、孤独感、無力感、疲労感等、否定的な感情が次々と湧き起こってくる。事件に刺激されて、自分自身の未解決の問題について語りだす裁判員もいた。休憩時間に、評議室の窓の外を見下ろすと、街を歩いている人や走っている車が見え、そこにいつもの日常生活を見て、かなり安堵した。

　③　否定的な感情とともに、次第に身体の不調も感じるようになった。吐き気や腹痛、身体のだるさ、頭痛、眩暈、不眠といった身体の不調を、多少なりとも経験した裁判員は少なくないのではないか。私は、評議の初日は、食欲がわかずに昼食はほとんど食べられなかった。法廷中に裁判官に休廷を訴え、退廷直後にトイレに駆け込んで嘔吐した裁判員もいた。

　④　裁判長の説明で「守秘義務」の重要性と、話しても良いこととけないことの区別は、大体はわかったが、実際一人で抱えることにはしんどさを感じた。裁判の体験は、精神を揺さぶるような重い課題なのに、家族や友人と共有することも、意見を求めることもできない孤独感があった。

　⑤　法廷では、客席で映画やドラマを見ているかのような傍観者の感覚が生じたり、被告人や被害者の発言の現実感に引き込まれたりと、二つの精神状態を行き来して、焦点をどちらにも合わせられない不思議な感覚を味わった。入廷し、法廷で起立している関係者を目にしたとたん、緊張のあまり笑いがこみあげてくるというおかしな精神状態になったこともあった。

　⑥　被害現場、被害状況の写真、証拠品には、強烈なインパクトがあった。それらは、事件の状況を生々しくイメージさせる力があり、受け入れがたい不快な感情を喚起した。服の破れ、血痕を見ているうちに気分が悪くなってきたので、モニター画面から目をそらしていた。カラー写真だけでなく、白黒写真も見せられたが、生々しさは変わりがないと感じた。裁判が終了してしばらく経ってからも、テレビで似たような事件の報道や刑事ドラマ等を見ると、映像とともに裁判の様子が思い出されたことが度々あった。強烈な映像は、時間が経過しても、記憶として再生されるものであると知っ

た。

⑦　そんなことはないだろうと頭では分かっていても、法廷で質問や意見を発することで、被告人や傍聴席にいる被告人の支援者に顔を覚えられて後に仕返しをされるのではないか。という恐怖感を覚えた。もし暴力団関係者の裁判だった場合は、裁判所からの帰宅時にもびくびくするのではないかと思う。

⑧　評議で意見を求められ、自分の考えを述べることは、最初はかなり戸惑った。思うことはあっても、「私の考えが間違っているかもしれない」「言うまでのことではないかもしれない」などの思いが頭をよぎり、発言の順番が近づいてくる度に緊張でドキドキした。結局、自分の意見を言わないまま帰宅して、もやもやした思いが残ってしまった日もあった。集団の中で周囲と意見を合わせることに重きが置かれる日本社会においては、自分が考えたことや感じたことを自分の言葉で語ることは、大変な労力であると感じた。

⑨　評議において、判決を出すこと、量刑を決めることには、私だけでなくどの裁判員も少なからぬ負担を口にしていた。被告人にとっては見ず知らずの他人である自分、清廉潔白な人物でも何でもない自分に、他者を裁く資格があるのか。専門的な法律の知識もなく、他に比較する裁判も経験しないまま、たった数日間の話し合いだけで、被告人の人生を決定づける判決を出すのは、あまりに早急で無責任なのではないか。自らその役割を望んだわけでもないのに、なぜそのような負担を負わなければならないのか。判決が重い事例ほど、裁判員の苦悩は深く、最終的には被害感や怒りになって残るような気がする。裁判官や検察官、弁護士の方々にとっては、数多く担当する中での一つの判決であり、裁判後も、その件に関わった専門家同士で気持の共有ができるかもしれない。しかし、裁判員にとっては人生で一度きり関わる裁判であり、自分自身に向き合う体験ともなりうるものである。裁判によって、自分の根幹を揺るがすような苦悩が生じても、裁判が終了した後は、迷いや苦しみを分かち合える場はないのが現状ではないか。

### (4) 充実感と達成感

上記に挙げたような様々な心理的負担があったにもかかわらず、最終的には「裁判員裁判を体験できて良かった」と、達成感と充実感を感じることが

できた。裁判員に選任された当初は、「なぜ私が」「望んでもいないのにやらされる」といった、受動的で被害的な思いの方が頭を占めていた。しかし、終わってみると、自分や他者に対する見方や社会というものへの考え方が大きく変わるような意義深い体験ができたと感じ、同じ裁判員仲間のみなさんの「機会があればもう一度やってみたい」という思いを私も持った。以下、裁判員体験のどのような点から、意義を感じることができたのか、考えてみた。

① 心理的負担の中で、裁判員裁判の評議は隔離された自己啓発セミナーのように感じたと指摘したが、裁判員と裁判官の合議体であるこのグループワークのしくみこそが、さまざまな気づきを得て、自分を変容させる器となっていたことを強く感じた。人間の罪について考えること、他者を裁くことといった、本来なら考えずに済ませたい重い課題について、自分の考えを述べ、自分とは違った相手の意見に真剣に耳を傾け、メンバー全員が納得した結論を導き出していく過程は、エネルギーのいる大変な作業だが、相互交流と創造の体験であることを実感した。また事件に刺激されて、自分個人の未解決の問題を語りだす裁判員もいたが、グループに生じてきた仲間意識の中で、自分の思いを吐き出して、共感を持って皆に受け止められ、自分の体験を収めていく癒しの体験になっているように感じた。

② 「自分も被告人のような生育環境で育ったら、同じようなことをしたかもしれない。環境や立場によっては、自分も被告人席に座ることになった可能性はあった。自分が被告人席にいたら、何を考えるだろう。被害者の立場だったら、どう感じるだろう。」。人が人を裁くことを真剣に考えると、被告人や被害者の立場に自分を置くことを余儀なくされる。その結果、自分が全く違った人間とは思えなくなり、他人事ではなくなる。自分の中にも何かしら加害者的側面や被害者的側面があることに気づくことは、根底から精神を揺り動かされる体験であり、一時的に不安や混乱が惹起されてきたが、結果として「自分をより深く知る」ことにつながったように思う。

③ これまで事件や裁判判決の報道を見聞きしても、自分には関係のない不幸な出来事として傍観することしか知らなかった。しかし、裁判員裁判を体験し、自分が社会にコミットしたという充実感を得ることができた。それ

はまた、自分も社会の一員であることの責任を強く感じさせられることでもあった。判決にあたっては、被告人にただ刑罰を与えればいいというものではなく、どのような判決が、被告人の今後の再生につながるのだろうかという視点で裁判を見るようになった。犯罪が少なくなる社会にしていくためには、何ができるのだろうか。変えていかなければならないのではないかという意識を初めて抱いた。

④　裁判員裁判を体験して良かったと感じられた意義は、グループの相互交流の中で自己を表現していくことを通して、より深く自分を知り、社会にコミットした感覚と自分が社会の一員であることの責任感を感じて、より良い社会にしていきたいという意識を持つことができたことである。

### (5) 裁判員に対する心理的負担の軽減

裁判員裁判は、心理的負担の大きい体験であることは事実である。しかし、心理的負担を超えるような意義を感じることのできる体験でもある。裁判員体験を「二度と体験したくないトラウマ」としてではなく、「充実した良い体験であった」と感じられるようなものにするには、どのような心理的負担の軽減が考えらえるか。

現状でも裁判員が精神的不調を感じた時に相談できる窓口として、メンタルヘルスサポートの連絡先を教えてもらえる。裁判中も、裁判終了後も受け付けてもらえることになっている。そういった相談窓口が設けられることは、裁判員にとって安心である。

一方で体験してみて気づいたことがいくつかある。まず、心理的負担や不快な感情、身体の不調があっても、それが何のせいなのかがはっきりわからず、「相談」という形で表出できるほどに整理されていない場合があるのではないかということである。私自身、心理的、身体的負担を感じながら、裁判中にそれをはっきりと意識していたわけではなく、職場で同僚に愚痴や体験談として聞いてもらっているうちに、自分がどういうことに負担を感じていたかが整理されてきたという経緯があった。たとえ心理的負担を自覚していても、他の裁判員は平常心を保っているように見えてしまい、自分だけが混乱しているのは恥ずかしいと相談することを抑えてしまう場合もあるだろう。また、裁判中には特に感じていなくても、裁判が終わってかなりたった

後に、心身の不調が意識されてくる場合もあるだろう。こういった場合は、自分からメンタルヘルスサポートに連絡を取ることの敷居が高くなってしまう。

　裁判員の心理的負担を軽減するためには、どのような体制が考えられるだろうか。裁判員が「その場で」「気持を出す」「どんな感情でさえも受け止められる」「孤独を感じない」ことが、鍵となるのではないか。そこで裁判所内に、メンタルヘルスの専門員が常駐し、気軽にいつでも訪問できる体制を整えることが重要となる。また裁判中に、裁判員は一律メンタルヘルス専門員と顔合わせをし、簡単な問診を受けたり、精神的ストレスに関する知識を得られたりするシステムを作ることも必要であろう。常駐のメンタルヘルス専門員と顔合わせをしておけば、裁判終了後に精神的負担を感じた場合も、気軽に訪問し相談できる流れを作りやすいのではないだろうか。

　また、裁判員体験者が集って、同じ立場で体験を分かち合い、未消化の感情を吐き出せるような自助グループや、裁判員体験者に芽生えた司法への関心を深めていけるような勉強会、交流会があると、裁判員制度がより良いものへと発展していくであろう。

## 3　裁判員体験のもたらすもの

### (1)　選任されることの意味
　　　——日常生活への切れ目・横軸から縦軸へ・個の立ち上がり——

　ある日突然に市民が、最高裁判所から通知を受け取り、抽選を繰り返しているうちにとうとう最終的に裁判員に選任された、ということは、その個人にとっては全く予期せぬ出来事、青天の霹靂ともいうべき事態である。

　それまで日常生活に縛られたり守られつつ、個人の時間を日常といういわば横軸で動いていた市民にとっては、突然に国という縦軸から、抽選、招集、告知によって上に引き上げられ、裁判員に決定づけられ、日常生活に大きな切れ目が入る出来事といえよう。

　そしてひとたび裁判員になって縦軸に身を移動すると、全く未知の新しいゾーン、非日常的な裁判員裁判に一気に誘われて深い体験に入っていくことになる。それは個人にとっては思いもかけなかったことだし、非常に受動的

であり、しかも従っていかざるをえない強力な体験でもある。それはイニシエーション体験（通過儀礼）に近いものでもあるだろう（神に召されたとか、シャーマンやユタが望んでいなかったにもかかわらず選ばれてしまい、通過儀礼の体験を強いられるに近い）。

いつもはそれほど意識しなくてもすまされ、みんなと共にいることが得意な傾向にある日本人の市民感覚だが、裁判員になってみると、評議場面では、常に「わたしの感じたこと」「わたしの思ったこと」「わたしの意見」を表明することが求められる。もちろん、いつも自分の感じていることや意見が明確にならないことがあっても当然だが、裁判官や裁判員らとみんなで意見を出し合い、検討を重ね、協力しあって結論を出していくことによって、「わたし＝個人」がことのほか自分の中で意識され、一人一人がその「私」を生きざるをえなくなっていく。

(2) 「私」に開かれていくこと――渾身の力を発揮する――

① **高揚感・達成感**

「私」を意識して「私であること」を行使していった市民の多くの裁判員は、裁判員をやって良かった、と答えている。困難でハードな任務をやり終えたという高揚感や、使命感、達成感を多くの経験者は述べている。

ある裁判員体験者の女性は、「自分の今まで生きてきた中での人間力をすべて、最大限に使ってこの仕事を果たしました」と述べている。「自分にこのような底力があったのかと自分でも思うくらいに」と。その人の火事場の馬鹿力的な能力を沸き立たせ、渾身の力で裁判員を務めたのだ、ということが伝わってくる。多くの裁判員体験にとって、それぞれの人の持つ能力、集中力や真摯さ、潜在力を最大限に発揮させ、協力し助け合っていく、サバイバル的な体験であっただろう。ある男性の裁判員経験者は「同じ裁判体での裁判員体験を分かち合った人たちとは、見ず知らずの人たちだったがたまたま遭難現場に居あわせることになって、各自が最大限の力を出して協力を分かち合い、共に困難をくぐり抜けてきた同志のような……」とたとえていた。裁判員たちは本当に真剣に、今までの自分を取り巻いていた日常から離れて、日常からの協力や助けの届かないところで、その場に居合わせることになった仲間たちと協力し合って、重大な仕事を果たしている。「個人」「個

人」が集まって、「わたし」を主張する感覚に戸惑いながらもその力を使って協力しあって、困難で重大な仕事を成したのであろう。その一方、日常から切り離されて「わたし」を生きざるをえなかったことは、孤独感を味わうような体験にもなったことだろう。

② 心理的負担

裁判員経験者は、「当日どんな服装で出向いていったら良いのか、前もって伝えられていなかったので困った。」「当日裁判員に突然決まったのだけれど、その後の昼食はどうなるのだろう、どこで取るのか用意されているのかどうかも分からなかったので、不安だった。」「すぐに連絡を取りたい家族や職場や、連絡を入れる必要があるところへすぐに連絡は入れられるのか。」「休憩時間に仕事関連の用事に携帯は使えるのだろうか」などの情報が前もってもらえなかった。選任後、その午後から始まる裁判員としての初日のスケジュールを、事前に知らされなかった。

突然今までの日常から切り離された裁判員は、些細と思われることでも、その人にとっての重要で気がかりなことが多いので、事前に細々したことも情報を得ておけると、安心したり気持ちが落ちつけたりする。裁判員裁判が始まって間もない頃は、重要な仕事場になる裁判員裁判法廷をも前もって知っておくこともなく、裁判員に決まって驚いていたが休憩時間もあまりないまま、宣誓を済ませると本番の法廷に引き出されたという話もある。

裁判員経験者の女性が、「日頃はよく食べるほうだけれど、初日の昼食はほとんどものが喉を通らなかった」と言っていた。毎夜夢を見ていたと語った経験者もいる。時には気分が悪くなったり、心理的なストレスを覚えることも当然起こりうるし、自分の内面が刺激されて以前のことが思い出されてくるようなこともある。

③ 心理的負担の軽減に向けて

ⅰ） 心のケアを万全に

市民裁判員は、事件性に慣れていないので、そのような心身のストレス反応には、あまり時間を置かずにちょっと相談できたるよう、裁判所内にメンタルヘルスの専門員やその担当者が常駐していることが望ましい。また前もってPTSD（post-traumatic stress disorder；災害後のストレス障害）の起こり

うる心理状態についての知識を得られる用意がほしい。文部科学省の管轄下、公立小、中学校の教育現場では、スクールカウンセラーの派遣が義務づけられているが、法務省でも、市民の裁判員が滞りなく任務を遂行できるための措置が求められる。裁判員として感じる心理的負担から起こる反応はPTSDそのものという面もある。選任された裁判員にも事前にPTSDの予備知識が与えられるといい。

ⅱ）　守秘義務が課せられていることの重石

　法廷で起こったこと、見聞きしたことは公的な場面で展開したことなので話してもよいが、評議で話し合われたことは、感想レベルならよいが、誰がどんな発言をしたと個人が特定されるようなことや、評決に至ったプロセスは守秘義務に相当するという。守秘義務ということについて、経験者の声を聞くととても厄介だ。「当日は興奮していて、説明を受けたけれどよく分からなかった」という人、「聞いたかどうかも記憶に残っていない」人もいる。「聞いたけれど話していいことと、守秘義務になるところの境界がよく分からなかった」ので一切を身近な家族にも話さないことを決め込んだ人もいる。裁判員経験者は、守秘義務の境界をいくら説明されても理解しにくかったり、分かった気になってもすぐに分からなくなったりしているようだ。そもそも、その境界は曖昧である。現在の守秘義務の規定は市民レベルにはとても分かりにくいし、厳しすぎる。このような分かりにくいことを市民に課しているのは、制度として望ましいことではない。守りとしての機能も重要だが、貴重な裁判員体験を語ることを守秘義務のために奪ってしまったり断念させてしまったり、厄介なこととして葬ってしまうことは、とても残念なことである。良かったことも大変だったことも、語り合いシェアしあうことで、こころの傷も心理的な負担も、癒えたり軽減されたり、変化していけるのだが、その機会を結果的には必要以上に奪っている。ある裁判員裁判のセミナーで、シンポジストが、今の守秘義務の形は、裁判員経験者に隠れキリシタンのような様相を与えていると述べていたのが印象的だった。

(3)　その深み——加害性に繋がり、開かれていくこと——

　裁判員は被告人を間近に見つめ、有罪なのか無罪なのか、有罪であればどうしてそのような罪を犯したのか、その人の刑罰はどれくらいに相当すべき

なのかなど、加害という側から被告人、その事件、事案を見ていこうとする。

　ある裁判員は、予期せずに裁判員に選ばれて、驚いて気持ちの準備もできないまま、法廷に足を運んだ。法壇に上がっても、自分の視線の置きどころが分からず、内心おどおどとしながら何とか自分を保とうとしていた。ところが、進みでてきた被告人に視線を置いたときから、裁判員としての姿勢が定まってきたと言う。

　被告人と裁判員と、立場は全く違うものの、そこで裁判員は、この被告人のために考えていくという、人間としての関心と繋がりが生じてきたのである。なぜこんな罪を犯してしまったのかと考える一方、事案と被告人を考えていくうちに生まれ育った環境によっては、場合によっては、自分があちら側、被告席に座ることも全く想定できないことでもない、と今までは考えてもみなかったような思考の転換も生じてきたりする。裁判員体験は、それまでは極力関わりたくないと思っていた犯罪と、加害者に市民が関ることになり、同じ人間として、加害者に、また被害者にも関心を寄せて繋がっていき、その加害者だけではなく、自分のなかにあるかもしれない加害性や被害性にも開かれていく体験でもある。そのような思いを体験したうえで、人としての痛みを伴いながら被告人の犯した罪に相当すると考える判決を下していく。

　それ故、裁判終了後も、裁判員経験者のかなりの人は、被告人のその後に、心の中で関心を持ち続けるし、その人が更生して、社会の中でより生きやすくなり、少しでも幸せに生きていければと、願うのである。

　裁判員裁判を受けた被告人は、それだけ多くの真剣な思いを裁判で受けた上で、刑を受け取ることになるのだが、それは裁判員裁判における被告人にとって幸せなことではないか。そのことが被告人にどれだけ自覚されるか、伝わっているかはともかくとして。臨床心理士は目に見える世界だけではなく、心の中の思いも人に影響を与えうるし、人は人と関わりを持つことによって、関係性が生じることによってのみ、はじめて、成長も変容も、傷つきへの癒しも生じていくと考えている。

(4) 縦軸から横軸へ・日常生活への帰還

　裁判員裁判が終わり、裁判員は、それまで自分が身を置いていた日常に戻っていく。縦軸での非日常から、日常への帰還である。私たちは相当強烈な非日常的な体験を終えると、すんなりと日常に戻りにくく感じたり、また今まで当たり前に過ごしていた日々が、とても新鮮に思えたり、世界が違って感じられたりすることがある。しかし、内面的な変化やこころの動きがあったとしても、一旦はしっかりと日常に身を移すことはとても重要なことである。

　日常への帰還——ソフトランディング——については、グループワークではクロージングの作業として、必要不可欠と重視している。

　裁判員経験者は、使命を果たして少しずつ、興奮が覚めやり、疲れも時間をかけて和らいでいき、テレビや新聞報道で一気にフラッシュバックのようにある場面が浮かんできたりもするが、それでも3ヶ月から半年くらいのうちにはだんだん気にならなくなってくる。それ以上の期間を経ても気がかりが続くようであれば、相談機関を利用されたい。

　裁判員経験者ネットワークでは、裁判員経験者に、交流会を提供している。経験を分かち合ったり、当時の思いを深めたり、後から疑問が出てきたことなど何でも出しあって、交流を行っている。そこでは、初めはちょっと緊張して顔を出してみたが、裁判体は違っても、どんな体験を経てきたのかは言わなくても共通に分かり合える仲間と会えて、とても嬉しかった、ほっと、肩の力が抜けてきたなどと言われる。また、それぞれの裁判体によっては、昼食の取り方や、休憩時間の過ごし方も違っていたとか、小さなことでも新鮮な驚きとともに、当時のことを思い起して、他の人の体験と自分の体験した裁判員裁判を相対的に捉えている。

(5) 裁判員体験のその後——新しい市民意識の誕生——

　日常に戻ってきたけれど、それまでとは感じ方、社会の捉えかたがかなり変わってきたと思う裁判員経験者は多い。

　今まで重大な刑事事件の犯人というのは極悪非道な輩だと思っていたけれど、目の当たりにした被告人は、驚くほどごく普通の、日頃、街や電車の中で見かけたりするような人たちだった、とは、かなりの裁判員経験者が一様

に語っているところである。犯罪は、街で、地域で普通に起こるし、加害者になりうる人も身近に暮らしているのだということが実感されてくる。それまではテレビ、新聞でしか目にせず、関心を向けてこなかった世界に関心を持つようになり、犯罪からできるだけ家族を守りたいという意識が自覚される一方で、社会で予防できることはないのか、起こってしまった事件の被告人や被害者を、社会がどう受け止め抱えていけるのか、など真剣に考えはじめていく。今までは、犯罪者は刑務所に入っていればいい、くらいにしか考えていなかった市民たちは、実際に自分が判決を下した被告人がその後どうなっていくのか、どうなっていくことを自分が望んでいるのか、刑務所の処遇は役に立っているのか、刑を終えた受刑者の社会での受け入れや更生についても、他人事でなくいろいろと思うようになっていく。

　ある裁判員経験男性は、自治会員を勤めていたが、地元で捕まった人の身元引き受け人になって、地域のみんなで支えていく働きかけを行った。

　自分の姿勢や行動が、市民として明らかに変化したという人もいる。例えば、今までは考えもしなかったが、「見ず知らずの老若男女の裁判員が集まり、職業裁判官と共に、真剣に議論と検討を重ね、被告人のため、社会のために納得して重大な結論を導き出していく、これぞ民主主義だ」とその重要性を語り続けている男性。「裁判員経験後、だんだん市民になってきた感がある」という女性や「子供や家族との会話に変化が出てきた、善悪とか、いい人と悪い人の自分の基準が変わってきた」と述べる人がいる。また、都心から遠方に移り住んできた男性は、「被告人には、父性的、男性的な支えが生育歴上全く欠落していて埋まらぬ結果、事件が起こった」と感じ、裁判員経験後、地域で「パパたちの語りの場」を開き「自分はやっと○○県人になれた」と、郷土愛の芽生えを喜んでいた。

　そのような裁判員体験は、かなりの体験者にとって「市民のイニシエーション体験（通過儀礼）」となっていったように思える。「新しい市民意識の誕生」が起こっている。

　そう考えると、裁判員経験者たちの、心の負担を伴う渾身の働きや、苦しみを伴った自分の内面への気づきなどが、負の思いだけではない意味と光を放って見えてくる。それまでは隔離的にしておくことが社会の安全と思って

いた罪を犯す人や、受刑者たちにも、矯正から共生へと循環する社会への道筋を、裁判員経験者たちが体験の痛みをもって、新しい地平の先頭に立って歩んでいっているように思える。

(にしむら・ひろこ／ほりうち・みほ)

# 第1章 臨床心理士から見た裁判員裁判

〔添付資料1〕

## 裁判員体験者の「心のケア」に「アフターケア・グループ」導入の提言

2009年5月20日

最高裁判所長官

　竹　崎　博　允　殿

NPO法人朝日カウンセリング研究会
理事長　濱　田　華　子
裁判員制度プロジェクトチーム
チーフ　西　村　寛　子
（チーム構成員は、別紙1の通り）

## 1．はじめに

　NPO法人朝日カウンセリング研究会（ACO）は、1979年設立後2004年にNPO法人格を取得し、カウンセリング事業を行ってきました。事業内容としてカウンセリング学習の提供、相談活動（面接相談、グループ、電話相談）、ボランティア活動等を行ってきました。

　2006年に裁判員制度が開始されるという情報を得て以来、裁判員制度のビデオ視聴等の学習を重ねていくうちに、私たちが長年取り組んできたカウンセリングの学習の目標になっている、「自分の感じたこと、考えたことを自分の言葉で語る」ということが、裁判員には必要な態度として求められてくることに思い至りました。また評議という形で専門家の裁判官3人と市民裁判員6人計9人で構成されるグループが判決に至るまでの過程とその形式は、私たちがカウンセリングの学習で行ってきたなかの「グループ」学習でのコンセンサスを得るプロセスと重なるところが多く、その本質は変わらないことに気づきました。以来、そのようなことを踏まえて一般市民が裁判員に選ばれた時の準備としての、裁判員制度学習会を法曹界の方々の協力を得て提供を続けてきました。一方では、地方裁判所で

の刑事裁判の傍聴や、裁判員制度プロジェクトスタッフの、裁判所等主催の模擬裁判の裁判員の体験も重ねてきました。一般市民にとってどうしたら、より有意義な裁判員制度が実施されるようになるかは、私たちの重大な関心事です。これまでの裁判員制度に関する当会の活動については、別紙2をご参照下さい。

　さて、2009年度、いよいよ5月21日から裁判員制度が施行される運びになります。実施後裁判員体験者たちは、（1）事件の審議自体（閉鎖空間への拘束の中での審議、事実認定および量刑）から生ずる強い心理的ストレス、および（2）事件終了後も、守秘義務により裁判員の体験を他人と分かち合えない心理的ストレスを、味わうことになります。これらのストレスに対する「心のケア」を裁判員制度としてどのように対処するかは、この制度が広く一般市民に受け入れられ、司法制度の一部として確立するためには、非常に重要な問題と考えます。

　この「心のケア」につき最高裁判所がこれまで明らかにされた対応策としては、
　①専門の相談員による、24時間態勢の無料電話相談、
　②臨床心理士による無料カウンセリング、および
　③国庫負担による医療機関における治療

が伝えられていますが、これまでの私たちの学習会の参加者の声、講師の意見、アンケート結果や、スタッフの模擬裁判の生々しい裁判員体験を踏まえると、上記の対策では本問題に十分な対応はおぼつかないと考えられます。

2．提言

　そこで、私たちは、裁判員体験者の「心のケア」につき、臨床心理にいう「グループワーク」、すなわち「裁判員体験者のためのアフターケア・グループ」を導入すべきであり、その具体化の検討を早急に開始すべきであることを提言します。

　臨床心理でいう治療的な効果を持つ「グループワーク」とは、類似の心理的問題を抱えた人々がグループ（通常6人以上10人以内）を作り、専門家が立ち会い見守る「守られた環境」の中で、自己の体験を他者と分かち合う（シェアする）ことにより、自分の体験を整理し、「心」を癒し、また一定の治療効果も得られる、という手法です。

　「裁判員体験者のためのアフターケア・グループ」のひとつのモデルとしては、別紙3を参照して下さい。本提言を具体化するためには、関係者によるさらなる検討が必要で、本モデルは単なるたたき台としての提案とご承知おき下さい。

第1章　臨床心理士から見た裁判員裁判

3．提言の理由

（1）　一般市民の裁判員体験者は、貴重な体験を得る一方、慣れない非日常場面に長時間、あるいは数日間身をおくため、緊張や興奮、疲れを覚えざるを得ません。評議場面では、果たして自分は他人を裁けるのか、法律という専門性のある分野で自分が事件を理解し判断できるのだろうか、といった不安や葛藤に晒されます。このような環境、葛藤の中で、裁判員は自分で考え、意見を述べなければならず、最終的には、重大事件（特に死刑事件など）の有罪・無罪、また量刑につき決断、判断を迫られるという大変なストレスと、心理的負担を負うことになります。

（2）　審議の過程では、証拠として提出される凶器や遺体の写真や、事件の内容自体ないし証人等の証言などで加害者と被害者など事件関係者の間で繰り広げられる人間模様に、裁判員が激しく心を揺さぶられる場合が容易に想像されます。場合によっては、これにより裁判員自身が、いわば「事件を浴びる」ことになり、2次的な被害者心理状況となるおそれがあります。

（3）　判決宣告が終わり裁判から解放された後であっても、裁判員たちは、守秘義務に縛られて、そのような、ストレスに晒された非日常的な体験を、他者に真摯に語ることもままならない状態を強いられることになります。そのことは、守秘義務を負うことが自明とされている法律専門家ならいざ知らず、一般市民にとっては非常に大きな心理的負担となるといわざるを得ません。（別紙4として、学習会アンケート資料、模擬裁判員体験者の手記等参照して下さい。）

　これらの「心のケア」のために「裁判員体験者のためのアフターケア・グループ」が適切であるのは、より安全な守られた場、形で、裁判員の体験者同士で、ある一定の枠づけをおこなうことにより、その許される範囲での裁判員としての体験の分かち合いをすることが可能となるからです。グループでは、裁判員体験者同士でその体験を語り合い分かち合うことで、お互いが味わっていた心理的負担、ストレスがより軽減されたり、まだ未消化のままだったり、感情的に整理されないまま放置されてきた事柄、体験が、より深められ自らに収まっていく重要な心理的な過程や仲間同士での癒しの体験が生じてきやすいのです。

　そのことを細かく見ていくと

① 　仲間と体験を分かち合うことで、個人の心理的負担の軽減と、体験の深化に

より、経験したことをより自分の体験として収めていく（整理する）ことができる。

② 秘密保持という、経験を他者と分かち合えない苦痛からの、場を限っての、ささやかな、しかし重要な意味をもつ解放感が提供される。

③ 仲間同士のアフターケア・グループでは、ピア・カウンセリング効果がおこる。カウンセリングには「ピア・カウンセリング」という手法があるが、仲間同士でお互いを癒しあい、励ましあい、協力しあい、より自然な形で学習成果を高めていく。また、仲間意識が形成され孤独感、孤立感が解消される。（例：アルコール・薬物依存者の会、犯罪被害者の会、親の会）

④ 裁判員体験者に、アフターケア・グループが実施されている情報を広報することにより、裁判員体験者たちには、自分が実際にはこれを利用しなくても、必要があれば、いつでも利用できるという保証、安心感が提供される。

⑤ 裁判員体験者の「心のケア」につき丁寧なフォローが用意され、受け皿づくりがなされていることを知ることにより、裁判員制度への、一般市民の信頼が高まる。

⑥ グループ参加者の発言を通して、裁判員体験者の声を司法に反映させる作用がある。グループ体験者のアンケート等参加者の了解を得られた記録を、裁判所に提供していくことにより、裁判員制度をよりよいものにするための、見直しや点検をする役に立つ。

以上の様な諸効果は、単なる電話相談や個別のカウンセリングでは得られない、深く広いものと考えられます。裁判員の「心のケア」に、グループワーク導入を提言する大きな理由がこれです。

4．提言具体化の方策

提言具体化のための検討には、裁判所をはじめとする法曹関係者のみならず、臨床心理の専門家の参加がぜひとも必要です。「日本臨床心理士会」に依頼することも可能でしょう。又、個人の体験プロセスに焦点を当てたグループには、フォーカシングという技法がありますが、その技法を活かしている「日本フォーカシング協会」は全国的な規模で活動を行っていますので、その協会の協力を得ることも可能と思われます。また、様々な心理臨床活動を長年行っている「日本・精神技術研究所」の協力を得ることも可能です。

第1章　臨床心理士から見た裁判員裁判

　ACOとしては、このような提言をする以上、「日本臨床心理士会」、「日本フォーカシング協会」および「日本・精神技術研究所」への橋渡し的な役割にもできるだけ協力していきたく思っています。ACO自身がグループワークをすでに一般の方がたに30年近く提供してきているという経験を生かし、可能な範囲ではいかなる協力をも惜しみません。

　　　　　　　　　　　　　　　　　　　　　　　　　　　　　　　　　　以上

別紙1　　　NPO法人朝日カウンセリング研究会（ACO）
　　　　　　裁判員制度プロジェクトチーム構成メンバー


濱田華子　　ACO理事長　臨床心理士　山王教育研究所・濱田オフィス

西村寛子　　ACO理事　臨床心理士　駒沢大学講師　山王教育研究所スタッフ

濱田邦夫　　ACO会員　元最高裁判事　第二東京弁護士会・弁護士

内田純平　　ACO会員　日本・精神技術研究所顧問　ACO講座企画委員

大西千恵　　ACO理事　ACO「グループ・アプローチ・ラボ（GAL）」スタッフ
　　　　　　　　　　　東京カウンセリングサポート（TCS）カウンセラー

村松文子　　ACO運営委員　ACO「家族の悩み電話相談」スタッフ

横山美保子　ACO「グループ・アプローチ・ラボ（GAL）」スタッフ

第1章 臨床心理士から見た裁判員裁判

〔添付資料2〕

裁判員の心理的負担についての裁判所の対応策への緊急提言

2010年12月9日

最高裁判所長官

　竹　崎　博　允　殿

〒101-0041　東京都千代田区神田須田町1-3　NAビル4階
東京千代田法律事務所内　裁判員ネット事務局内
裁判員経験者ネットワーク

弁護士　　　大　城　　聡

裁判員経験者　田　口　真　義

臨床心理士　　西　村　寛　子

弁護士　　　濱　田　邦　夫

弁護士　　　牧　野　　茂

　我々は、裁判員経験者ネットワーク（2010年8月3日発足）その他の活動を通じて、裁判員経験者の心理的負担の裁判所としての対応策及び情報提供は不十分であり、この際これを抜本的に見直す必要があると考えます。死刑求刑事件、死刑判決事件、重大な否認事件等が立て続けに審理されている今日、本問題は誠に緊急性があるものというべきです。そこで、この提言をさせていただく次第です。

　裁判員経験者の心理的負担の実情については、新聞、テレビ、ラジオ等のメディアで連日大きく報道されていますが、さらに添付の濱田邦夫弁護士作成の、「裁判員の心理的負担について」と題する論稿（添付書類1.）、および裁判員経験者

田口真義作成の、「傍観から傍聴に」と題する論稿（添付書類２．）を参照してください。また、裁判員経験者ネットワークホームページ（http://saibanin-keiken.net/）上の、去る９月20日に開かれた第１回裁判員経験者交流会の報告・感想欄にある、裁判員経験者による記者会見記録も参照してください。

本件についての、裁判所の広報体制上も、以下のような問題があります。

「裁判員　心理的負担」ないし「裁判員　精神的負担」を入力してインターネットで検索をすると、各々約105,000件と164,000件（Google、2010年12月７日）の記事がヒットします。ところが、最高裁判所のホームページ「裁判員制度」では、この「心理的負担」ないし「精神的負担」（以下「心理負担」で統一する。）については、まったく言及がありません。その中の「裁判員制度Ｑ＆Ａ」中の「裁判員の保護」の項目中でも全く取り上げられていません。

NHKの本年５月21日の報道によると、NHKが連絡先の分かった裁判員や補充裁判員経験者330人に対して行ったアンケートでは、65％の215人から回答を得、回答者の３人に２人にあたる67％が「裁判に参加して心理的な負担やストレスを感じた」と答え、また15％は「今でも心理的な負担を感じている」と答えた、とのことです。ところが、最高裁判所のホームページに掲載の本年７月に発表された「裁判員経験者に対するアンケート　調査結果報告書（平成22年１月～４月分）」によると、この「心理的負担」はアンケート項目にさえ入っていません。

裁判所が用意している裁判員の心理的負担への対応策は、その裁判員メンタルヘルスサポート窓口 http://www.health-letter.jp/bb/saibanin/ を通じて提供される、（１）24時間電話相談、（２）５回まで無料の臨床心理士、カウンセラーによるカウンセリング、および（３）精神科医の紹介とされています。裁判員裁判が実施されて一年半を経過した時点（本年10月末）において、この窓口利用件数は61件とされ、裁判員および補充裁判員経験者の総数（約8500人）からすると、著しく少ない印象です。

そもそも、この窓口へのアクセス自体が最高裁判所のホームページでは明らかにされていません。前出の「裁判員制度」サイトマップには、この窓口は明示されていません。このサイトマップの下の方にある「関連サイトへのリンク」をクリックすると、「１．「裁判員制度」に関するウェブサイト」として法務省、日弁連等の関連ウェブサイトが掲げられた後ろに、ようやく「２．裁判員メンタルへ

第1章　臨床心理士から見た裁判員裁判

ルスサポート窓口」が出てきます。ここでは、「裁判員、補充裁判員又はそのいずれかであった方」に対し、同窓口へログインID（裁判員および補充裁判員に裁判所から与えられる）を使いログインすることを勧める文章しか記載されていません。この窓口リンクをクリックすると、「ご覧頂くためにはログインIDの入力が必要です」という文言が現れ、その他の記載は一切なく、上記の裁判所の「心理的負担」についての具体的な対応策は、このログインID所持者にしか分からない仕組みになっています。

　つまり、裁判所としては、「裁判員、補充裁判員又はそのいずれかであった方」は裁判所が交付する「利用案内書」の記載に従い「サポート窓口」にアクセスしてもらえば事足りる、と考えているとしか理解できません。一般市民である裁判員候補者その他の人々に対し、裁判所としてはこのような「心理的負担」に対する手当も用意しているから、安心して裁判員になって下さい、問題が起きてもちゃんと裁判所が面倒を見ますよ、といった姿勢が全く感じられません。そのような事前の情報が得られれば、国民の裁判員選任に対する忌諱感ないし恐怖感がずいぶん軽減されるはずです。また裁判員達は、たとえ自分がそのサポートを利用しなくとも、何かあった場合にはこれを利用できるのだ、という安心感を得られるはずです。

　以下、本件につき裁判所で早急にご検討の上採用していただきたい具体的方策について、提言させていただきます。

1．「裁判員の心理的負担」に対する裁判所の対応策の広報
　① 最高裁判所のホームページ「裁判員制度」、「裁判員制度Q＆A」中の「裁判員の保護」の項目中に「裁判員、補充裁判員又はそのいずれかであった方」（以下「裁判員」および「裁判員経験者」と称する。）がその職務から生じた「心理的負担」から何らかの「精神衛生上の障害」ないしその惧れが発生した場合に、裁判所でどのような対応策が用意されているかを説明し、その障害が重篤な場合には国家公務員災害補償法の適用も考えられることを明記する。
　② 「裁判員メンタルヘルスサポート窓口」を「裁判員制度」サイトマップに表

添付資料2

　　　示する。
　③　同サイトマップ上の「関連サイトへのリンク」に、民間組織である「裁判員経験者ネットワーク」等も追加する。
2．裁判員選任手続き・審理開始前の対応
　④　裁判員選任のための呼び出し状の日程の記載方法の工夫―現在の記載は法律的には正しいが、一般市民がこれを受け取って何日から何日まで拘束されることになるか混乱する虞がある。（列記された日全部について裁判所に出頭する必要があるとは思わなかった、という裁判員経験者もいる。）
　　　そこで、やさしい言葉で言い換えてはいかがか。例えば、
　　「裁判員…に選任された場合、裁判員…として審理に参加して頂く期間は<u>平成　　年　　月　　日（　）から平成　　年　　月　　日（　）まで</u>ですが、このうち、公判などの手続きのために裁判所にお越しいただく日は、この期間中の土曜日、日曜日および祝日を除く、以下の日（通常午前　　時から午後　　時まで）となります。
　　　　　平成　　年　　月　　日（　）　　平成　　年　　月　　日（　）
　　　　　平成　　年　　月　　日（　）　　平成　　年　　月　　日（　）」
　⑤　本人確認手続き―裁判員選任のための呼び出し状に、身分証明書など本人確認に必要な書類を持参すべきことを記載し、選任確定直後ないし審理開始直前に、選任された裁判員の本人であることの確認を行うこと。（現在は、重大事件以外についてはこの手続きは行われていない模様であるが、被告人としては、本人確認　　のなされていない裁判員に裁かれるのは、納得できないと感ずる虞がある。）
　⑥　審理予定期間が長期（5日以上）にわたる場合には、選任確定と審理開始の間に、審理期間中の裁判員の個人的手配（職場、家族の世話・介護等の段取り等）を行うため、数日の期間を設けること。（呼び出しを受けた裁判員候補者達は、各自選任された場合に備えて、事前の準備はしているものと思われるが、実際に選任されてみると、追加して種々手配をする必要に気がつく場合もあると思われる。一方、この期間を設けるのは、日常に、いったん戻されることにより、かえって裁判員に選任されたものに心理的その他の混乱を与える虞もある。この期間は、裁判所が審理開始前に行う

### 第1章　臨床心理士から見た裁判員裁判

ガイダンスおよび裁判員裁判の法廷下見ないし見学に当てるべきという考えもあり得る。）

⑦ 審理予定期間が短期（3〜4日）の場合でも、裁判員が心の準備等をするため、選任後審理開始まで半日程度の時間をおくこと。（午前ないし午後に選任が行われ、翌日から審理が開始されるという日程も合理性がある。前項と同様に、裁判員裁判の法廷下見ないし見学をしてもらうことも裁判員の心理的負担を減らす上で効果があると思われる。）

⑧ 審理中に使用する裁判員への呼称につき、裁判員の選択により、（1）名前（固有名詞もしくはニックネーム）、または（2）番号のいずれかを使用する取り決めをすること。（裁判員としては、単なる記号としてではなく、名前のある個人として参加するという自覚があったほうが望ましい。このような選択を許すと、審理中かえって混乱するという懸念もあり得るので、（1）か（2）に統一する必要があろう。）

⑨ その他、以下の項目につき、裁判官から分かりやすく、丁寧に裁判員に説明すること：

  (1) 審理予定・手続きの流れ
  (2) 刑事訴訟の原則—無罪の推定（検察官の立証責任）；有罪認定に必要な証明の程度（合理的疑いの説明）；法廷に顕出された証拠と法廷での見聞のみによる判断（個人的予断、メディア等からの伝聞の排除）等
  (3) 裁判員の「守秘義務」の範囲および守秘義務の及ばない事項
  (4) 審理中の裁判員の「心のケア」手配の詳細（審理中臨床心理専門家が待機し、裁判員の相談に対応できるか否か、相談すべき裁判所側の担当者等）

3．審理中の対応

⑩ 評議開始に先立ち、裁判官および裁判員の簡単な自己紹介（会社員、主婦、自営業などおよび年齢層——20代、30代、40代など。評議中など発言者の背景について少しは知識があったほうが、お互いの発言を理解しやすい。）をすること。ただし、これを希望しない裁判員は除く。

⑪ 審理予定期間が長期（5日以上）にわたる場合には必ず、裁判所の委嘱した臨床心理士などカウンセラーを待機させ、裁判員が休憩時間中または当

日の審理終了後に気軽に相談できるようにすること。(アメリカのニューヨークでは裁判官の提案で陪審員の評議室の隣にNPOの学生スタッフ等が待機し、陪審員が困ったことがあったときに対応する態勢が実施されているがこの点は日本の裁判員の審理中のケアに際して充分参考にされるべきである。)

⑫ 評議中は、裁判官が裁判員の心理的負担について、絶えず配慮をすること。

4．審理終了後の対応

⑬ 一般的に、裁判員が非日常から日常にできるだけスムースに戻れるよう、裁判官及び裁判所職員が配慮すること。(具体的には、米国では陪審員の評決後、その解散に先立って、裁判所が手配した臨床心理専門家が、いわゆるクールダウンのための陪審員と話し合いをし、日常生活への復帰を助けている例があるが、わが国でも同様の試みをするべきである。朝日カウンセリング研究会が昨年5月に最高裁判所にその採用を提言した裁判員のアフターケアのための「グループワーク」も、この目的のために有効な手法である。)

⑭ 審理終了後の記者会見に臨むか否かを問わず、裁判員が注意すべき守秘義務の範囲を具体的に書面で知らせると同時に、他人(家族を含む)にしゃべってもよい事項(単なる感想など)を、これも具体的に書面で説明すること。例えば、以下のような書面：

「裁判員の守秘義務の範囲：

1． 守秘義務が及ばない、話してもよい事項

　(1)基本的には、法廷で見聞きしたこと、および

　(2)審理終了後の記者会見などで話す、裁判員として裁判に参加した感想
　　　(評議の感想も含む。裁判官の評議の進行方法、自分の意見を充分言えたか等)

2． 漏らしてはいけない秘密：

　(1)評議の秘密(評議の経過、裁判員や裁判官の各意見、賛成意見・反対意見の数と評決の多数決の数)、および

　(2)評議以外の裁判員としての職務を行うに際して知った秘密(記録から知った被害者など事件関係者のプライバシーに関する事項，裁判員の

名前など)。」
⑮ 裁判員経験者同士で、連絡を取り合って交流することは自由であること、および事後に交流を希望するもの同士で連絡を取り合いたいとの申し入れがあった場合には、裁判所がその連絡の斡旋をすることを、裁判員に知らせること。
⑯ 裁判員経験者の希望に応じ、裁判所が主催して(場所等の提供を含む)、このような交流(事件ごとないし事件を異にする経験者同士)の機会を定期的に設定すること。
⑰ 裁判員メンタルヘルスサポート窓口の利用について、わかりやすく書面で説明すること。
⑱ 2009年5月20日にNPO法人朝日カウンセリング研究会が貴庁に提言(添付書類3．ご参照)した裁判員経験者の「心のケア」のための「アフターケア・グループ」の導入を再検討すること。
⑲ 民間の組織で、「裁判員経験者ネットワーク」があり、希望する経験者の交流を図っていることを紹介すること。
⑳ 裁判員経験者からの事後の問い合わせ(例えば、守秘義務の範囲についての質問、裁判員の関与した事件の上訴審での審理状況等)に応答する地方裁判所内の部署、担当職員(検察審査会について行っているような対応)を定め、これをあらかじめ裁判員経験者に口頭及び書面で周知させること。
㉑ 審理終了直後の裁判員へのアンケートおよびその後の裁判員経験者へのアンケート中で「心理的負担」の有無及びその程度、これに回答者がどう対処したか(裁判員メンタルヘルスサポート窓口を利用したか、私的に精神科医や臨床心理士に相談したか、裁判員同士で話し合いをしたか等)、またこれに関する裁判所への要望の項目を入れること。

5．裁判員メンタルヘルスサポート窓口での対応
㉒ 裁判員経験者が窓口に電話をした場合に、適切な対応ができる人員を配備すること。(電話をした経験者の中には、電話を受けた人物に「自分は看護士で質問に答えられない。」などの盥回し的応対がなされ、納得がいかないと述べている者がいる。)
㉓ 裁判所が一括委嘱している業者による対応が、末端での相談事例につき効

添付資料2

果的に行われているか、相談した経験者達が満足しているか等を定期的に検証し、その結果を公表すること。(裁判所で十分にその検証をする体制がない場合には、そのための第三者機関を設けるのが望ましい。)

以上

添付書類　1．濱田邦夫弁護士、「裁判員の心理的負担について」(2010年11月19日)
添付書類　2．裁判員経験者　田口真義、「傍観から傍聴に」(2010年12月5日)
添付書類　3．NPO法人朝日カウンセリング研究会(ACO)から最高裁判所長官宛書面、「裁判員体験者の「心のケア」に「アフターケア・グループ」導入の提言」(2009年5月20日付)、別紙1および3添付
添付書類　4．ACOから第二東京弁護士会裁判員裁判実施促進センター委員長幣原廣弁護士宛書面、「「裁判員体験者の「心のケア」に「アフターケア・グループ」導入の提言」」に対する御質問事項への回答」(2009年8月25日付)

# 第2章
# 刑事裁判とカウンセリング

濱田　華子

## 1　刑事被告人に対するカウンセリング

(1)　はじめに

　筆者は、大学時代は法律専攻であったことから、2009年の裁判員制度開始後間もなく、弁護士から刑事被告人およびその家族に対するカウンセリングの依頼を受けた。

　その後、2015年末までの6年間に12人の刑事被告人のカウンセリングを行い、公判に立ち会った。証人として出廷したこともある。

(2)　刑事被告人に対するカウンセリングの必要性

　カウンセリングということばは広く使われているが、刑事被告人に対するカウンセリングとは、どのような目的で行われるか。

　罪を犯した者は、厳しくその非を追及されなければならないのはいうまでもない。だが、それに加えて、被告人が、自分の心理的な反応傾向を知り、罪を犯した経緯を考え抜き、悔いて、以後再び同様な行為に走らないためには、感情の訓練と知識の準備を整える援助をすることが必要である。

　カウンセリングで力を持つツールは「関係を結ぶ」ことである。しっかりした関係に支えられていると確信できる場合には、人はそれまでの捉われていた考えを捨てて、新しい一歩を踏み出すことができる。上記の被告人の過半数は勾留中に自分の話を聞いて支えられた体験により立ち直って、執行猶予がついた場合には、その期間を無事に過ごしている。勾留期間中の面接に弁護人の同席があれば、カウンセリングの中での関係の結び方や深まりが見える。被告人の安定感はずっと確かになる上に、弁護人の弁護活動もより深いものとなる。さらにその場で弁護人もことばをかけて関係を実感すれば、

被告人は公判の場で一段と安定してオープンになることができ、話せる範囲も広がるにちがいない。

筆者は、刑事被告人がどのような経緯で現在の状況に至ったのかを理解し、それについて必要な行動を取ることができるように援助したいと、考えてきた。

カウンセリングを受けることができる刑事被告人は、今の所ごく少ない。犯行以前に多少とも自分について考える機会に恵まれていたか、あるいはその犯罪を契機にして、自分について考えるところがあったか、さらに経済力の問題、また何らかのルートで有償のカウンセリングを受ける機会があるか、またボランティアで引き受けてくれる篤志家がいるか、等々、越えなければならない難関がいくつもある。そういう条件が満たされなければ、カウンセリングというコミュニケーションの手段の存在すら知らないで、公判、判決、受刑という段階を辿る。

刑罰につき応報刑の立場、つまり、罪を追及し、処罰することが犯罪に対する処遇として最も有効と考える立場からは、被告人にカウンセリングを受けさせるという発想は出て来ない。しかし、教育刑の立場からは、被告人たちが罪を償い、刑期を終えて社会復帰し、自立した生活を送り社会の一員として生きることができるように援助することが、刑の本来の目的であると考える。社会全体としては受刑者の罪の償いと社会復帰が本来の目標である。この立場からは、全刑事被告人にカウンセリングの機会の提供する制度を作るべきではなかろうか。

(3) **刑事被告人はどんな人たちか**

裁判員裁判が実施されてからこの6年間に、出会った被告人たちとその家族にカウンセリングを行ってきた経験から、筆者は刑事被告人の多くが社会的弱者であることを教えられた。彼らの犯行の源は人として育つための必須の条件の欠如である。人生の初期段階での受容される体験、信頼できる人間関係、それに伴う自分の居場所があること、これらがいかに重要かはどれだけ強調してもしすぎることはない。受容、信頼、しっかりした居場所、それらすべてが十全に揃った環境で育つことは珍しいかもしれないが、刑事被告人の多くは、どの一つも持たず、豊かな愛情とは無縁に生きてきている。

そうした場合、本人は人間理解に乏しく、ゆとりがないために過度の自己防衛に走る。感情のコントロールができないため、しばしばネガティブな感情を溜め込んでしまう。大抵はこらえきれずに爆発するか、あるいは失望のあまり、憎悪を育てて、犯行に及ぶという図式が大半である。

ただし、たとえこのような場合、「人間を、自分を知らない」場合でも、また起訴後公判までの短期間内でも、カウンセリングによって、彼らの強い防衛をある程度緩めることは不可能ではない。彼らに犯行への責任を自覚させた上で社会復帰を成功させるためにも、国選カウンセリングは必須の制度であると考えている。

## 2　規範意識

### (1)　規範意識の形成

「人を殺してはいけない」。全世界とはいえないかもしれないが、地球上の大多数の国で、この決まりが存在する。規範とは公のきまりである。おおかたの人は、犯罪を実行してはならないと知っている。それにもかかわらず大抵の国で、殺人、盗み、暴行、詐欺行為、性犯罪等が横行し、処罰の対象になっている。これらの行為は多くの人にとって好ましくない結果をもたらすから許されないという「きまり」が規範である。

規範意識はどのような経過で育つのか。子供は育つ段階で、まず家族（ごく小さいうちに体験する養育環境。施設の場合もある）の中で、自分の行動が許されるか許されないかを体験する。これは子ども自身の自我の形成と緊密に関係する重要な点である。家族のメンバーのさまざまな条件の中で、子供自身が自分の能力の拡大とともに、可能性を試し、どこまで許されるかを測る。行動が許されるか否かには大抵の場合「ことば」が重要な役割を果たす。子どもがことばを覚えるのは、発音を記憶し、その意味を理解し、音と意味を自分の中に取り入れて行動し、自分の行動に対して周囲がどう反応するかを測りつつ成長していくというプロセスをたどる。2、3歳の反抗期から児童期、思春期、青年期を経て、成人に至るまで、親を初めとして養育者と子どもはお互いに、相手を測りながら、規範意識を形成しつつ、成長していく。家族の中では、家族構成員のそれぞれの条件が加わり、さらに広い環

境を得ていく間に、倫理的、社会的、経済的な条件も加わることはいうまでもない。子どもの育つ環境が家族でない場合も、育つ施設等の場、また教育の場等のきまりがある。公の決まりの基本は人の生命、身体、さらに感情（たとえば、名誉）を傷つけないこと、さらに他者に経済的に不当な負担を与えないこと、そして他者の能力や望みを侵さないことであり、広範囲に深い配慮が必要である。規範意識はこのように長い間の絶え間ない養育的な接触の中で形成され、さらに自分自身の意識的な努力によって強化される。基本的には養育者と子どもの間に、そうした感情をふくむ相互交流が形成されていることが前提条件なのである。その条件が満たされていない場合は、それを補うための配慮を必要とする。

(2) 規範意識の構成要素——ことば——

上述のような経過をたどって規範意識は形成される。その形成に必要であり、重要な要素が「ことば」であることは明らかである。親子の間ならば温かい感情が通い、それは当然ことばで表現されているものとして、特別な注意が払われていないことが多い。しかし2〜4歳の言語獲得の時期、またそれに続く幼児期に、愛情を十分体験できなかった子供たちの例を見ると、必ずしもどんな環境でも自然に具わるものではないことが見えて来る。刑事被告人の中には、幼児期に身体的な虐待を体験している場合が少なくない。育児放棄、放任、無関心という心理的虐待に至っては、大多数が体験しているといえよう。

ことばの重要性について、事例を紹介する[1]。

【事例1】「禁じられた質問」

〈罪　状〉殺人未遂罪　被告人A（父親　71歳　自営業）（初回は弁護士同道）

〈経　過〉被害者B（長男　39歳　無職）Aは長男Bと2人暮らし。3年前Aの妻（Bの母）が病死。Bは当時会社員だったが、母親の死後半年くらいで出社できなくなって1年後に退職。

最近は昼間家にこもり、毎夜外出して酒を飲む。酒量が増え、次第にAを

---

（1）　本書に紹介する事例についてはすべて当事者に承諾を頂いており、さらに事例が特定できないように、差し支えのない範囲で事実を変えてある。

## 第2章　刑事裁判とカウンセリング

店に呼びつけて飲み代を支払わせる。気に入らないと大声を出し、物を壊す。

　事件当日も喧嘩になり、Aは思い余って、寝入ったBを絞殺しようとし、Bは目を覚まして抵抗。物音と怒鳴り声に気づいた隣家の人が110番に通報し、逮捕。

　《カウンセリング》（〈　〉は筆者の発言、「　」はAの発言、（　）は状況説明）

　◎（BについてAが言うことは表面的。不信感は感じられる。だが怒りは伝わってこない。）

〈その時どうして喧嘩に？〉

　無言

〈息子さんをどう感じていた？〉

　（わからない様子、少し不愉快そう。方針を変えてA自身の子ども時代について訊いて見る。東北の農家、男8人の兄弟の末子。「クラスの人気者だった」

〈え？　どんな子？〉

「おしゃべりで、体育が得意」（目の前のAからは想像が難しい）。「小1のころ、家で祖母から"子どもが大人の話に口出すな。あっちに行ってろ"と一喝されたことがある」（以来Aはおしゃべりを自分に禁じた様子）。

　◎「3年前に死別した妻はガンだった。」（妻は相当前からアルコール依存の気配。認めたくないそぶり。妻の死について詳細は話せないらしい。）「Bとはめったに話をしない」。（大事なことも？　それだけ話をしないと記憶もおぼろになるのは明らか。自分でもことばが見つからない様子。Bに何が不満か聞いてみようと思わないのも当然だろう）。（学校では陽気でおしゃべりだった男の子が、祖母の機嫌を損ねまいと口を閉ざしたまま）。

〈家では無理していた？〉

　Aの目が滲んだ。「こんなことになるんて」。（フウっと大きなため息）（だがことばを禁じられた記憶が甦って、Aはちょっと自由になった様子）。（祖母の強烈な呪いだったのだろうか。Aの無言の背景に劣等感の現れと思われる萎縮した自己イメージや極度の消極性がはっきり見て取れる）。Bに対する気持を決してことばにせず、「子育ての道を誤った」という表現を何度も

使う)。

《公　　判》

(Aは柔道や空手などとは全く縁がないようにみえる。Bは中肉中背のやさ男ではあるが、酔っていたとは言っても、30代の若者。取っ組み合いでAに勝ち目があるだろうか。格闘技でBに負けるとは思わなかったのか。恐怖が怒りに変わることはよくあるが、当日Bは酔いつぶれていたのだから、Aのそういう恐怖のあまりの犯行とは思えない。子どものころ、祖母からことばを禁じられたことに対して「何も言わない」という選択をした。それには黙っていて謝罪しないというだけでなく、ある種の攻撃性を含んでいるようにも見えたが、かっとなっての犯行ではない。祖母の叱責は、子どもが大人の世界に踏み込むのを禁じた力があったと思える。Aはことばでの表現を奪われたのではないか。)

◎とにかく既遂にならなくてよかった。公判の間も黙り続け、自分の気持を言わなかったが、最終日に弁護人の質問に答えて、涙と共に、Bを殺して自分も死のうと思ったと憔悴しきった顔つきで述べた。Aはやっとそこにたどり着いた。ことばで今後自分を知り、自分とつながる道具として、それを使いつつ余生を生きれば、この体験はBとの間の使いでのある道具となるに違いない。

《判　　決》

裁判長から、ごく普通の会話のように、「家族が欠けてくるのは仕方のないことで、残った者たちは励ましあい、協力して生きていかなければならない」と説諭された。Aに向けられたことばであるが、Bも出席していたので、裁判長は A、B両者に向けてことばを送ったと考えられる。

判決は「懲役5年」であった。

◎Aが高齢であることから考えると、かなり早い時期に仮出所が実現するではないか、と思われる。

◎Bについては検察官が調書を取っている。Aに対しての気持を訊かれているが、Aに対してことばはともかく、物を壊すという意思の表現はあるものの、身体的な暴力行為はない。Bの気持を聞き出すには、Bに対してもカウンセリングが必要と考えられる。Aの兄夫婦が傍聴に来ていたが、気持を

⑶ **情緒を耕す**

　刑事被告人や受刑者について、おおかたの人たちは、悪質で危険な人たちという印象を抱いている。もとより罪を犯した人たちであるから、自己表現の仕方が周囲にいる人たちに恐れ、怒り、また不安や不快な気持ちを抱かせることが多い、ということは想像に難くない。

　その一方で、奈良少年刑務所の受刑者の生活が書かれた本[2]を読むと、驚くほど純真な心が彼らの中に息づいていることがわかる。

　それは、受刑者の心に触れる本、ガイドブックでもあり、アルバムでもある。

　「情緒を耕す」ということばは、2007年当時、奈良少年刑務所の統括矯正処遇官であった細水令子氏のことばである。同書が刊行されたのは、編者である詩人の寮氏が奈良少年刑務所の独特の建物に興味を持って訪ねた時に、展示されていた服役中の少年受刑者たちの作品について関心を持ったことがきっかけで、細水氏と話す機会を得たことに端を発している。

　細水氏は、刑務所の中でもみんなと歩調を合わせ難い人たちを対象として、……というプログラムを組んでいた。細水氏は、「家庭では育児放棄され、お手本になる大人もいず、学校では落ちこぼれの問題児……先生からも相手にしてもらえず、……いちばん光の当たりにくいところにいた子が多い。だから情緒が耕されていない、荒地のまま……自分自身でも、自分の感情がわからなかったりする。でも、感情がないわけではない。感情は抑圧され、溜まりに溜まり、ある日何かのきっかけで爆発する。そんなことで、結果的に不幸な犯罪となってしまったケースもいくつもある。童話や詩を通じて、あの子たちの情緒を耕してほしい」と言う。それで寮氏は思い切って、荒地の耕作を引き受け、手探りで始めた。

　同書では、細水氏のことば「情緒を耕す」で動かされた寮が、社会性涵養プログラムを引き受け、担当する授業「童話と詩」の中で、少年たちがどん

---

（2）　寮美千子編『空があおいから白をえらんだのです――奈良少年刑務所詩集』（2010年、長崎出版）。

どん変わっていく姿を、驚きと感動をもって伝えている。「みるみる変わっていく姿」を「驚くべき伸びしろ」と描写する。「〜しろ」は「何かのために取っておく場所」という意味で、子どもたちが「本来伸びる可能性の大きさ」として、確保しておくべきスペースである。同書に収録されている子供達の詩の広がりは、荒地同様だった情緒から生まれたと考えれば驚異的な「伸びしろ」である。

　寮氏によると、この結果はもちろん「社会性涵養プログラム」だけの効果ではない。約700名を収容している刑務所の職員は約200名、約9割が刑務官、1割が教育の教官、心理技官、作業技官、医療技官である。その刑務所がおおきな「場」として受刑者を包んでいることの結果である。さらに寮は「グループワーク」という受講者10名程度の「場」の力を上げている。1人対1人の対応とは違い、驚くほどの効果を示す。自分のことばに残りの全員が耳を傾け、ありのままの自分を受け入れてくれ、聞いて感じたことを、それぞれの言葉で伝えてくれる。それがもたらす大きな力の現れである。

　筆者自身、グループワークを専門的に修めた経験があるので、詩の書き手が、受け入れてもらったと感じた喜び、安堵感、感動は想像に難くない。

　そして寮氏は、さらに芸術に具わる力、特に詩の力について言及している。

　同書の中で、詩の力のおよぶ範囲の大きさが驚異的に示されている。そして詩だけでなく、絵によって開かれていく少年囚もあったという。

## 3　カウンセリングの実際

### (1)　面会室はどんなところか

　東京拘置所の面会室はどんな場所か。この部屋に入ると、なぜか無力になる感じがする。

　カウンセリングの受け手は勾留されている。面会室の広さは、被告人側と面会人側にそれぞれ2.5m×3mぐらいのスペースで、中央に分厚いアクリル板の仕切りがある。出入り口は両側とも壁の中央。アクリル板の仕切りに沿って両側にそれぞれ奥行き30cm弱のテーブル板が渡してある（ノート等をおくためか）。面会者側からいえば、板のすぐ向こう側の、向かって左に被

告人の席。仕切りの向こう側の、面会人側から見て向かって右手の壁に接して、高い位置に小さな机と椅子があり、それが立会う刑務官の席。そこに坐ると、被告人との間におよそ２人分弱の空間があり、被告人側も面会人側も俯瞰することができる。刑務官の目を盗んで合図をすることも難しい。暖冷房はない。冬にはオーバーを着たまま面会する。

　面会時間は、カウンセリングでも一般面会の扱いで、原則15分だが、弁護人から上申書を出してもらい、30分まで認められている。なお面会はカウンセリングのためでも例外ではなく、家族、友人と同様、１日１組限定で、土日、祝日は面会できない。弁護人の接見の場合は、時間の限定がない。

(2) **ことばが届く**

　カウンセリングをしている最中に、ことばが相手の心の奥深く届いたと確信する時がある。深々と届いたときには、お互い言葉を失うかのようで、すぐには次のことばが出てこないことも多い。しばらく沈黙があったりする。大発見でもないし、それ自体はふつうのことばなのだが。タイミングだろうか。そのときの相手の切羽詰まった状態をすくい上げるような場面とでもいえるかもしれない。こちら側が、何か必要なこと、効果的なことを言わなくては、と思っているようなときにはなかなか起こらないことである。カウンセラーの気持がオープンでなければならないのはいうまでもない。ことばがその場の状況に応じて、呼ばれて出てくるといえるかもしれない。

　被告人は社会的には好ましくない行動をする人物であることが大半というのが、一般の常識だと思う。だがカウンセリングを通して知ると、実は柔らかい心の持ち主で、だからこそ深く傷ついている場合もある。筆者はそういうケースをまず想定してみる。カウンセリング中に被告人の心の奥深く届くことばをかけることができるか、重みを持ったことばを送ることができるか、面接開始時にはなかなかわからない。だが１回届けば希望が持てる。さらにその地点からことばを送って、それに応じることばが、あるいは態度の変化が返ってくれば、お互いを感じ合って、関係はかなり確かなものになったと解釈する。お互いに疑うのではなく、まず信じてみるこころみを、筆者は自分に課している。被告人に信じてもらうためには、まずこちら側が信じなければならない。

カウンセラーの心得として、被害者と同じ地平に立つこと、つまり指導者とか保護者の位置に自分を置かないことが大切である。被告人でなくとも、カウンセリングという場では、相談する側はともすれば、低い位置に自分を置こうとし、なんでも教えてもらおう、指示してもらおうとする。カウンセラーは、相談者に対し、彼らと同等の位置にいることを折に触れて確認する。相手にもその地点に立つよう勧めてみる。刑事被告人に対しても可能なかぎり同様に対処する。

　弁護人はその役割として、被告人をたしなめたり、何か言って聞かせたり、ときには叱ったり、糺したりすることがあるだろう。そういうときに、心の奥深くことばが届くことを望むに違いない。注意すべきは、上から目線のことばが非難として受け取られ、「わかってくれない」と素通りすることが多いことである。ことばが届いたときには、その相手との絆は確かに強く結ばれていると考えてみる。ただし、あるときことばが届いたとしても、一度届けばその後は必ず届くと考えるのは誤りを導く。そのことばを言う方（自分）のそのときの心の状態が反映することを常に覚えておかなければならない。

　検察側からは、濃い疑いが現れている資料が届く。被告人の申立が、検察側の意見と違うとき、資料をしっかり読んだ上で、被告人を信じることができるかどうか試み、筆者はその上で面接に臨むことにしている。だが疑念は疑念として、無理に信じることはしない。

(3)　**受容される心強さ**

　被告人がカウンセリングに疑いを持っているときに、こころを開いてもらうために、どういうことばかけをするかの例として一つの事例を紹介する。この時は被告人が保釈されず、また公判までの日数も短く面会回数も限られていた。

【事例2】「ああ、そうなのね」

〈罪　　状〉傷害致死罪　被告人C（男性　42歳　未婚　農家の手伝い）

〈経　　過〉Cは派遣切りで、現在の仕事はアルバイト。被害者（父　78歳　無職）

　Cは日曜に朝寝していて、酔った父親にうるさく起こされ、腹を立てて暴

## 第2章 刑事裁判とカウンセリング

力を振るい、父親を死に至らしめた。弁護人がカウンセリングを勧めたが、当初は経済的な理由で乗り気でなかった。弁護人の強い勧めで受けると決まったときには公判まで1ヶ月足らず。週1回ずつ一般面会3回を取ることがやっとだった。

《カウンセリング》

(初回は弁護士同道。Cは独身で父親と2人暮らし。両親はCが小3のときに離婚。Cと妹は父親に育てられた。父親は腕の良い職人だったが、大酒飲み。酔うとCに「嫌なところは母親そっくり」と口汚く罵った。最近は認知症が悪化していて、「俺のキャッシュカードで金を引き出した」と、いわれのない疑いをかける。)

(筆者の質問には最低限の答えだけ、広がらない。目を見ないなど、硬い防衛を感じた。)

(終わりに近くなって、)〈あなたは、自分の言うことを、"ああ、そうなのね"と、そのまま受け取ってもらった体験があまりなかったのかな?〉と、感じたことを言ってみた。Cはハッとした様子で、視線をこちらに向け、しばらく見ていてから、「そうです」と答えた。)

◎(翌週は筆者1人。Cは人が変わったようにほぐれて、柔らかくなっていた。視線が合う。本来は他者の気持ちに敏感に反応する柔らかい心の持ち主だと筆者は感じた。公判の時期も迫っており、これだけ態度が変化しているので、一番伝えたいことを言おうと、筆者は決心した。)

(〈酒癖が悪く、歳のせいか、くどくなっている父親をうっとうしく感じていただろう。父親の命を奪ったという予想外の結果を、もののはずみに近いと考えたかもしれない。たとえそうであっても、それを心の底から悔やむ、なんでそんなことをしたかを自分に厳しく問うてみる。そして心底後悔する体験が必要で、執行猶予は期待しないこと。父親の生命を奪ったことは償えるものではない、犯した罪の重大さを絶えず自分に問いかけつつ刑期を務め上げること〉と、30分ですべてことばにして伝えた。その視点を持たないと、刑期が終わっても深いところに罪悪感が残り、自分を信じられなくなる恐れがある。真摯に自分に問いかければ、こころの中に変化が起こる。そこに育つ何かがあるにちがいない。人間のこころには、自分で消化できない感

情から逃げずに直面し続けると、その呵責から自由になるという機制が働く。彼にもこころのその働きを体験して欲しかった。

初回の「ああ、そうなのね」という言葉の体験についての反応と、彼の答え方の変化から、彼には筆者の期待に答えてくれる資質があると手応えを感じた。)

◎(2回目の面会では、体調のことや気がかりなことなどを聞きながら、ふと家族のことが気になった。彼の妹は弁護人からの連絡に「兄とは縁を切りたい」と言ってきたとのこと。)

(〈たった一人の兄妹なのにね〉と思わず言った。「しかたありませんよ。電話番号だって知らないし……」事件前にも連絡を取り合っていなかったらしい。寂しいだろう。妹以外に叔母が1人いるそう。血縁も少ないし、友人については話題に上って来ていない。)

◎(3回目に、筆者は奈良少年刑務所詩集『空が青いから白をえらんだのです』を差し入れた。少年囚たちは、明らかに大きな"伸びしろ"を示していると編者は言うが、それはそのままCにも当てはまるだろう。この詩を読めば、被告人にも感じるところがあるのではないかと思った。)

《公　　判》

筆者は、被告人質問を傍聴するのは大抵の場合苦手である。まるで渦巻き貝の中心に向かって進んでいくようで、被告人は次第に身動きが取れなくなっていく。ところがCは、おおかたの、そして多分自分自身の予想をも裏切って、被告人質問の途中で、こらえきれずに嗚咽し、「なんで自分は父親を手にかけたのか」と、きれぎれにつぶやいた。

そして最終陳述で、裁判長に、自分の書いた日記の1頁を読んでもよいかを尋ねた。裁判長の許可のもとに、彼が読んだ日記はこう始まる。「悔しくてならない。俺はどうしてあの日親父のことばを我慢できなかったのだろう」。筆者は不意を突かれた。そして彼のことばを追うのに必死で、メモを取る暇がなかった。後のことばを聞いたに違いないが、憶えていない。だがひどく感動した。

今回本書を出版する計画の初めに、ケースを発表する許可をお願いした時、彼は読み上げたその日の日記の全文を書いてくれた。「悔しい。俺は何

## 第2章 刑事裁判とカウンセリング

故あの時がまんできなかったか。なぜ文句を言うだけで終えなかったか、何故話さなかったのか。そもそも俺に原因がある。いい歳をして親に甘えていた。家に金を入れようとすればできた。額は少なくても、それについては状況を話せば親父はわかってくれたろう。ただ痴呆症（ママ）がひどくなり、酒が入るといつもよりさらにひどくなった……父が歳をとり、逆に自分に頼らなければならなくなったこと、それが嫌だった。というより、"何で？"という意識の方が強かったかも。親の面倒をみるということはわかっていながら、現実から目をそらしたと思う。自分のことで手いっぱいだった……」。また彼は、検察官の「カウンセリングはあなたにどんな影響があったと思いますか」という質問に、リハーサルでもしたかのように、「こころがあたたかくなって、柔らかくなって、自分のことを考えられるようになりました」と答えた。

彼は公判の場で、自分のことばを「ああ、そうなのね」と受け取ってもらうことに、自分を賭けて試みたのではないだろうか。あとで弁護人から、「あそこまで言えるようになったのは、先生のおかげです」ということばをいただいた。

### (4) 関係を結ぶ

カウンセリングのほとんど唯一といってよいツールは、関係を結ぶことである。関係を結ぶには相手を受容すること、相手を受容するには、それだけのスペースを自分の中に作ることが必要である。そして関係を結ぶことを躊躇する相手には、必要以上に踏み込まずに、こころを開いてくれるようなことばをかける勇気を持たねばならない。

「情緒を耕す」、いいことばに出会った。犯罪者でなくても、情緒が耕されてない人が多い。筆者が出会った被告人たちはそれぞれに違った経緯をたどりながら、刑事裁判という場に至っている。彼らはそれぞれ違った独自の形で犯行におよんでいる。非常に細かいところまで配慮しているように見えるが、驚くほど不注意だったり……犯罪性が強いとはとても思えないが、被害者には強い憎しみの現れとしか思えないほどの打撃を与えていたり……耕されていない情緒は、対象を選ばず、湧き上がる怒りや憎しみを、目前の被害者に向けて晴らすのか。

"凶悪な"といわれる人たちに出会えば、また感じが違うのではないか。その時どんな感じがするのかはわからないが、どこかに凶悪な共通点があるのかもしれない。あの12人が陥った状況のうちの何かがほんの少しでもでも違っていたら、としばしば考える。

筆者は人の現在のあり方を見るとき、その人の生い立ちと結びつけて考えざるを得ない。生まれてこの方の養育環境によって、心身共に大いに異なった発育、人格形成が見られ、本人の意識的な努力の有無が必ずしも反映されないことがある。

しかし、司法の世界では、一定の年齢以上になると、どのような育ち方をし危うい生き方を余儀なくされていたとしても、他者の存在を損なう行動は許されない。極度に重篤な病を除いて、どのような生い立ちであろうとも、犯した罪に対して責任を取らなければならない。公判を傍聴していると、そのなりゆきは当然のことと知りながら、痛ましく感じることがある。

一方、被害者、あるいはその家族の処罰感情の激しさは時間と共に薄れるというわけにはいかないことも多い。公判の経過とは一致しないこともある。被告人が犯行を悔いて、謝罪と内省の気持ちを十分に伝えられればまだしも、被告人の反省が伝わらないことも起こりがちである。

公判の経過と謝罪の表現が一致せずに、あわや公判は終了かという時点で、ことばが届く瞬間がある。そういう場面に、筆者は2回居合わせたことがあった。

殺人事件で、被害者側の選任した弁護士（参加人）がかけた一言で、被告人がワアッと泣き出し、きれぎれに自分の行為を悔いることばを述べ、結審した事案があった。その一言が、被告人が認めようかどうか迷い続けた重石が、彼から離れて落ちていくひと突きになったという印象だった。法廷の中の空気は一変したのである。

(5) 法廷とは

『法廷とは、被告人と裁判官、検察官、弁護人、裁判員、（場合によっては被害者や参加人もふくめて）だけで成り立っているわけではない。その他裁判を遂行する係りの人たち、そして傍聴人も含めて法廷が成り立っているのである』ある弁護人のことばである。

上記(4)に上げたのは、被告人と弁護人もしくはカウンセラーの既存の関係ではなく、被害者側からの発言が届いた場面であった。

この時は不思議なことに、被告人側が敗れたという感じはなく、罪への償いの手がかりを得たという安堵感が法廷内に広がったように感じられた。そのことばがその瞬間、法廷内を結んだといえるかもしれない。被告人はいまも服役中である。

（はまだ・はなこ）

# 第3部
# 刑務所改革と量刑の在り方
――裁判員裁判と量刑を考えるために――

# 第1章
# 裁判員裁判による変化

小池　振一郎

## 1　日本の刑事司法の在り方に変化

　2009年5月に始まった裁判員制度は日本の刑事司法に確実に変化をもたらしている。何よりも、無罪推定の原則がようやく実現しつつあることが高く評価される。また、従来は書面でほとんど多くの手続が行われていたが、裁判員裁判は口頭主義で、被告人の言い分をよく聞こうとし、法廷での発言が大事にされる。公判中心主義への転換が迫られ、捜査段階の調書があまり公判廷に出されなくなっている。

　日本の刑事裁判は、否認した被疑者・被告人は釈放しない「人質司法」といわれて国際社会から批判されている中、最高裁平成26年11月17日第一小法廷決定[1]は、痴漢事件で否認する被疑者に対して、通勤通学時間帯に被害者と対面する可能性は高くないとし、勾留に必要な「罪証隠滅の恐れ」を「現実的可能性の程度」で判断すべきとし、全員一致で勾留を取り消した。

　裁判員裁判が始まり、裁判所が検察官の勾留請求を却下した割合が年々上昇し、2015年に2.6％となり（裁判員裁判開始前の2002年は0.1％）、過去40年で最高となった。「裁判員制度導入を機に、裁判所が容疑者を長期間拘束する要件や必要性を従来より厳しく判断している傾向が明らかになった」「東京地裁では痴漢事件の勾留請求を原則認めない運用が定着している」といわれる[2]。

　勾留された被告人のうち、保釈が認められた割合（保釈率）も、裁判員裁

---

（1）　最（一小）決平成26・11・17裁判集刑315号183頁。
（2）　2015年12月24日付毎日新聞朝刊。

判導入の直前は地方裁判所13〜16％で推移していたが、導入後は20％前後に上昇した。「裁判員制度の導入により、裁判所が国民の目を従来よりも意識し、公正な運用に努めている側面もあるのではないか。」といわれている[3]。2015年には保釈率は25.7％まで上がった。

## 2　量刑の変化

　裁判員裁判になっても、全体としては従来の量刑分布はあまり変わっていない。全体として重くなっているという指摘があるが、被害者参加制度の影響もある。その中で、性犯罪が重くなる傾向が顕著にあり、強姦致傷の量刑分布はピークが2年ほど重い方向にシフトしている。殺人（既遂・未遂）、傷害致死は、下限はむしろ軽くなり、刑の多数のピークは重い方へシフトするという両極化傾向にある。親族間の殺人や介護疲れ殺人などが軽くなり、児童虐待死は重い。

　なお、1審での死刑判決は、2009年までの10年間で年平均12.3件に対して、裁判員裁判で死刑が言い渡されるようになった2010年以降は年平均4.8件となっており、減少している[4]。2014年は2件（『平成27年版　犯罪白書』）。2015年は4件であった（『平成28年版　犯罪白書』40頁）。

　求刑より判決が重くなったケースは2014年5月末までで49人（そのうち5人が2審で減刑）、裁判官裁判の時代に比べて増える傾向にある。

　求刑よりも大幅に軽くなったケースもある。殺人未遂事件で、弁護人が懲役5年6月（求刑8年）と主張したのに、判決は4年6月とそれよりも軽くなった例があった。求刑12年の判決が6年に、求刑13年の判決が5年になった例もある。

　従来考えられなかったことである。「判決は求刑の8掛けが相場」などといわれて久しい。求刑の5割という判決がいくつも出てくるとは信じられな

---

(3)　2015年2月23日付読売新聞「社説」。ただ、裁判員裁判による改善の兆しがあるが、日本の人質司法の実態は基本的には旧態依然である。韓国には、執行猶予もしくは罰金が予想される事件は拘束しないという「人身拘束事務処理基準」（2006年）がある。日本でも根本的な改革が望まれる。
(4)　2014年12月25日付読売新聞朝刊。

かった。およそ、裁判官がそれほど勇気ある判決を書くはずがないと思われていた。裁判員裁判になって、裁判員との議論に影響されたという面もあるだろうが、同時に、裁判官も量刑相場の厳重なあてはめ的な束縛からやや解放されてきたのであろうか。裁判官は裁判員の意見の反映として、一定の行為責任の枠内とはいえ、より裁量的な量刑判断をすることができるようになったと思われる。

量刑の幅が広がっているのは、民意が反映されていることを示しており、まさに裁判員制度が機能しているといえる。

## 3　保護観察の増加

裁判員制度が始まってから2012年7月末までの有罪人員4,052人のうち、15.8％にあたる642件で執行猶予の決定がなされているが、このうち保護観察が付されたのは348件で、執行猶予判決の54.2％を占める[5]。その一方、2006年から2008年までの職業裁判官のみの裁判を見ると、7,224件の有罪判決のうち、13.8％にあたる997件で刑の執行が猶予されており、そのうち30.6％にあたる305件で保護観察が付されている[6]。裁判員裁判になって、執行猶予判決とする場合に、保護観察を付する割合が裁判官裁判時代の30.6％から54.2％にまで増加したわけである。

保護観察には、一般遵守事項（まともな生活をする、監督官の呼出しに応じ報告する、住居を定める、7日以上の旅行には保護観察所長[7]の事前の許可を要するなど）があり、保護観察官及び保護司による指導監督を受ける。特別遵守事項としては、過度な飲酒をしない、犯罪性のある者との交際制限などが定められる。

---

（5）　最高裁判所（2012年7月末速報）【PDF】
　　http://www.saibanin.courts.go.jp/topics/pdf/09_12_05-10jissi_jyoukyou/h24_7_sokuhou.pdf
（6）　第17回裁判員制度の運用等に関する有識者懇談会配付資料・特別資料3（保護観察率）【PDF】
　　http://www.courts.go.jp/saikosai/vcms_lf/80818006.pdf
（7）　県庁所在地に保護観察所がある。保護観察官と保護司がペアを組むが、保護観察官（約1,000人）は国家公務員。保護司（4万8,000人）は自営業、学校の先生、主婦などが法務大臣から委嘱され、非常勤の国家公務員（無給）となる。

被告人は、保護観察の拘束力がつく方が重いと受けとめるであろうが、裁判員裁判による重罰化の現れとは必ずしもいえない。実刑か執行猶予か迷った時に、保護観察付なら執行猶予でも良いとして、実刑と単純な執行猶予との中間的量刑としたともいえるが、執行猶予との結論が先行した場合も、裁判員が判決後の被告人の人生に関心をもち、被告人をきちんと更生させたい、そのために保護観察を付けて監督援助させたいという思いによる場合もあるだろう。

### 4　実刑判決後に関心

裁判員裁判で実刑判決が出される場合、判決後の被告人の刑務所処遇と出所後の更生に関心が高まっている。罪を犯した人の更生や社会復帰を自分たちにも関係ある問題として考え始めた。

裁判員経験者（50代女性）が、「裁判は被告が犯した罪に対するもので、更生にどれくらい結びつくのかと思った。再犯をどう防ぐのか、国民がもう少し考えなきゃいけないと思った。」と語っている[8]。

これは裁判員裁判最大の功績であるといってもいい。裁判官もこれまであまり関心をもっていなかったのではないかと思われるし、弁護人も、裁判が終わったら被告人との関係は終わり、と思っていた。

ところが、裁判員の関心に引きずられるように、法曹実務家も以前より関心を示すようになった。社会も、マスメディアも同様である。犯罪者を地域社会に復帰させる「共生」の視点から大変望ましいことである。

---

（8）　2012年9月20日付毎日新聞福岡地方版。

# 第2章　日本の刑事拘禁施設

　裁判員が量刑を考える場合、一体、日本の刑務所ではどのような処遇がなされているのか、それがどれほど社会復帰に役立っているのか、という問題意識抜きで、評決に関わることは本来できないであろう。刑務所とは、主として、刑務作業を義務づける懲役刑と希望者以外は作業しなくていい禁錮刑とを執行するための施設である（死刑囚は拘置所に収容される）が、「刑務所のいま」を知らずして、量刑判断ができるか。裁判員は、刑事施設（刑務所・拘置所）の実態を知らないまま量刑を決めることに納得できない。
　そこで、以下、日本の刑事拘禁施設の実態について、刑務所を中心に、その現状と問題点を探る。

## 1　刑務所の一日

　刑務所によって多少異なるが、府中刑務所の動作時限表を例に、典型的な刑務所の一日[1]を紹介する。
　午前6時45分起床。それまでは目が覚めていても布団から起き出すことは許されない。布団の中で読書することもダメで、見つかれば懲罰[2]の対象になる。
　布団をたたみ、室内掃除し、共同室では名札順に座って点検を待つ。
　朝食は7時5分から、夕食は17時から、いずれも居室内でとる。「経理係」と呼ばれる受刑者が配膳する。主食は麦ご飯。食べもののやり取りは禁止される。30分間で食器洗い、用便も済ませる。動作時限は厳格に守らなければならない。
　朝食が終わると、隊列を組んで工場へ。ここで軍隊式行進が未だに行われ

---

（1）　日弁連刑事拘禁制度改革実現本部編著『刑務所のいま——受刑者の処遇と更生』（2011年、ぎょうせい）34～46頁。
（2）　懲罰には、戒告、書籍閲覧停止、報奨金削減、閉居等がある。

ているところもある。

　8時から作業開始。16時40分作業終了。木工、印刷、洋裁、金属加工・溶接等の作業に就く。工場に出入りする際、身体検査がある。作業中の離席、交談、脇見は禁止される。トイレに行くにも許可がいる。この間、10分間の休憩が2回。昼食は20分間工場の食堂でとる。

　運動は工場単位で、作業を中断して30～40分間行う。夏（6月～10月）は週3日、それ以外は週2日、入浴も作業時間中に行う。入浴の時間は、浴室に入って脱衣してから風呂場に入り着衣して浴室を出るまで計15分間。風呂場では、号令で、3分間湯船につかり、3分間身体を洗い、3分間湯船につかる。髭剃りも入浴中に行う。免業日（土、日、祝日など）は原則として運動も入浴もない。

　21時就寝。その後は読書も禁止。といった一日である。

　平日の執務時間内に家族や友人との面会ができるが、月数回に限定され、面会時間は30分が原則である。

　信書の受信には通数制限がないが、発信は月数通程度に限定される。

　刑事拘禁されると、健康保険が利用できなくなる。治療費は全額国庫（刑務所）負担となる。国家が強制的に拘禁する以上、健康管理は国の責任で、という考え方だ。しかし、これが医師による診療抑制につながっている面がある。

　刑務官の指示通りに行動すれば、優良受刑者と評価され、優遇措置の類が上がり、仮釈放も早まることになる。

## 2　旧監獄法下の実態

　監獄とは、刑務所と拘置所の総称である。

### (1)　厳格な規律維持を求める監獄

　1908年に制定された旧監獄法下の刑務所は、日常生活が所内規則（遵守事項）により詳細かつ厳格に規制され、よそ見、私語、水の不正使用、抗弁等の禁止項目が数多く掲げられ、わずかな違反でも懲罰にかけられた。面会には刑務官がすべて立会い会話内容を聴取され、信書の発受にはすべて内容を検査された。

軍隊式行進、居室内で正座強制など、指示待ち人間を生み出し、社会性が失われていく。電話も使用できず、会社倒産や家庭崩壊といった事態を招くことがあった[3]。

出還房時の裸体検査など非人間的扱いが当然視され、監獄では、すべての権利を奪って、個別に恩恵を与えて管理し、空気を吸う自由のみあったといわれる[4]。

保安と処遇を一体化させ、厳格な規律維持をあらゆる処遇の前提とする。これが日本型行刑の伝統であり、被拘禁者を抑圧して支配するという側面が強かった。

(2) **代用監獄制度**

(a) **日本独特の代用監獄**

旧監獄法の最大の問題のひとつが代用監獄制度であった。警察留置場を監獄（拘置所）の代用として使用するから「代用監獄」という。

警察拘禁は24時間が国際人権基準であり、警察拘禁は極小化すべきとされている。

ローマの県警察本部留置場は、すべて単独室で、最長24時間しか滞在しない。そもそも警察は基本的に取り調べない（司法官が取り調べる）。ジュネーブ中央警察署長は、警察の取調べは、人違いではないかとか、逮捕時点の被疑者の言い分の確認のためとされ、せいぜい数時間程度取り調べて、あとは拘置所に送り、予審判事が取り調べるという。

台湾では、検事の取調べは、10～20分程度という。

日本は、警察留置場に23日間拘禁し、長時間、長期間取り調べて自白を強要する（袴田事件、志布志事件、足利事件、布川事件など枚挙にいとまがない）。暴行脅迫がなくても、長時間・長期間に及ぶ警察拘禁と取調べ自体が自白強要のための圧力となる。日本独特の制度である。

(b) **国連の代用監獄廃止勧告**

国際人権自由権規約委員会は、第2回日本政府報告書審査（1988年）から

---

(3) 海外の施設では、廊下に設置された電話ボックスから家族に電話できる（ローマのレビッピア刑務所は、週1回、最長10分まで）。
(4) 2003年行刑改革会議での安部譲二の体験談。

第5回審査(2008年)まで、一貫して、日本の代用監獄制度に対して懸念を表明し、廃止に向けた勧告を繰返してきたが、第6回審査(2014年)では、ついに、「代用監獄を廃止するためにあらゆる手段を講じるか、さもなければ、特に、起訴前保釈、弁護人が取調べ中に立ち会うこと、取調べについて厳格な時間制限……取調べは全部ビデオ録画されるべきこと」と勧告した。

ちなみに、2015年、国際人権自由権規約委員会は、「再度の抑留は、警察の留置場に戻ることを伴うべきではなく、むしろ、被抑留者の権利に対する危険がより容易に軽減されやすい場所である他の当局の管轄下にある別の施設でなされるべきである。」とする一般的意見35号(36項)をとりまとめ、代用監獄制度が自由権規約(9条)に反することを明確にした。

国際人権は、国内における基本的人権の保障を国際連帯によって支えようとする考え方である。国際人権自由権規約委員会、拷問禁止委員会などの条約機関が日本政府に対して様々な勧告を繰返してきたが、日本政府はこれらをほとんど無視している。

## 3 監獄法改正

### (1) 行刑改革会議提言

2002年名古屋刑務所事件[5]発覚を契機に、2003年4月行刑改革会議が設置され、同年12月提言がまとめられた。

提言は、①受刑者の人間性を尊重し、真の改善更生及び社会復帰を図るための受刑者のための改革(人間的処遇)、②刑務官の加重な負担を軽減し、健全な執務環境を確保するための刑務官のための改革、③刑務所を国民に開かれた存在にするための改革を提唱し、「受刑者が、真の意味での改善更生を遂げ、再び社会の担い手となるべく、人間としての自信と誇りをもって社会に復帰することが、最終的には国民全体の利益となる」(再犯率を低くすることが国益にもかなうという意に解される)、「受刑者の人権が不当に抑圧された中では、真の意味での矯正は行い得ない」とし、行刑の基本理念は社会復帰

---

(5) 名古屋刑務所において2001年から2002年にかけて刑務官による暴行により受刑者が死傷するという事件が3件発生。
(6) 「行刑改革会議提言〜国民に理解され、支えられる刑務所へ〜」28頁、33頁。

の促進であるとの方向性が打ち出された[6]。受刑者が人間として扱われて初めて人間らしい心を取り戻し更生できるのである。

こうして「近代化」、「法律化」、「国際化」を目指した立法論議がなされたが、代用監獄問題は先送りされた。

#### (2) 刑事被収容者処遇法制定

監獄法の改正として、2005年刑事施設及び受刑者の処遇等に関する法律（受刑者処遇法）成立（2006年施行）、2006年刑事施設及び受刑者の処遇等に関する法律の一部を改正する法律（未決拘禁法）成立（2007年施行）、併せて、刑事収容施設及び被収容者の処遇に関する法律（以下「刑事被収容者処遇法」という〈2007年施行〉）となった。

刑事被収容者処遇法は、受刑者処遇が社会復帰を目指すものであることを明記し（30条）、「適正な外部交通が受刑者の改善更生及び円滑な社会復帰に資する」（110条）とし、「社会からの隔離」から「社会との関係の維持」への発想の転換が求められた。

一般面会の立会や信書の検査はケース・バイ・ケースになった。受刑者・死刑確定者に対する弁護士の面会については、再審請求の場合には基本的に立会いがつかなくなった[7]。

電話の使用も一定の範囲で認められるようになった。外部通勤・外泊・外出が法的に認められた。

個別処遇の原則が法文化され、矯正処遇として、「作業」と並んで、一般改善指導と特別改善指導（薬物依存離脱指導、暴力団離脱指導、性犯罪再犯防止指導、交通安全指導など）が規定された。

第三者機関として、刑事施設視察委員会、留置施設視察委員会が設置され、行刑運営の透明性確保、社会に開かれた施設への転換が目指された。

刑事施設視察委員会は、刑事施設（刑務所、拘置所）の本所ごとに74カ所、

---

（7） 立合いが付く場合もあるが、違法とされる判決が出ている（東京地判平成28・2・23判タ1429号160頁など）。諸外国では、弁護人でなくても弁護士として尊重され、再審請求の場合でなくても立会いがつかない。マンデラルール（2015年国連被拘禁者処遇最低基準規則改訂）「被拘禁者は……あらゆる法律問題について……相談は、施設職員による目視の範囲内で行われてもよいが、聴取されてはならない。」（規則61）

留置施設視察委員会は、留置施設（警察留置場）を所管する各都道府県公安委員会に一つずつ設置された。視察委員会は、弁護士、医師、学者、市民の代表などで構成され、被収容者と立会いなしに面接でき、被収容者は検閲なくして視察委員会の提案箱に意見書を投函できる。視察委員会は、いつ何時でも施設を視察できる建前で、施設には視察委員会に対する協力義務が明記されている（9条、22条）。

(3) **監獄法改正後の現場――揺り戻し――**

監獄法改正後の1年間は「天国」であったが、また逆戻りした、ともいわれる。法改正後の通達行政による法の原則と例外の逆転現象が現れている。

この現象は、外部交通に端的に現れている。刑事被収容者処遇法は、親族、重要用務者、改善更生に資する者を権利面会の相手方とし（111条1項）、かなりの面会者が認められたが、最近は元に戻ったといわれる。岐阜刑務所では、非親族との面会を原則禁止する運用がなされている。暴力団の面会が増え、職員の業務量が増大したという事情があるようである。

一般面会への立会や信書の検査が、新法によりケースバイケースになったはずだが、実際は、ほとんどに立会いが付き、信書の検査もあまり簡略化されていない。

外部通勤は2015年4月現在、全国69箇所のうち5か所15人しかなく、外泊、外出も、あまり活用されていない。フランスでは、就労、就学、文化的活動、運動的活動、参政権行使のための外出が認められているのに対して、日本の落差は甚だしい。

背景には、事故を極端に恐れる施設の体質があるし、1件の事故も許さないという市民の目があるといえよう。

なお、電話の使用は、福井刑務所では2013年は500件余あった。プリペイドカードを使って、30分位話すこともあるようだ。徐々に電話を使用する例が増えている。しかし、受刑者のうち成績のいい者に限定される制度上の欠陥がある。

いま、拘置所の接見室で弁護人が被疑者の写真を撮影することの是非が問われている。勝手に写真を撮ったと、施設から弁護人が懲戒請求されている例もある。取調べで暴行されたというような被疑者の訴えに対応するために

は、接見時の写真撮影は弁護人として必須の業務であり、写真撮影しないことの方が問題であると思われる。

この問題は、弁護人接見の覗き窓からの監視がきっかけになっている場合が多い。新法による面会の一時停止規程の新設が根拠とされる。立法時、当局は、「たまたまのぞき窓から見えた場合であって、敢えて覗き窓から覗いたりはしない」との国会答弁を繰り返したが、実際は、意識的に覗いており、秘密交通権を侵害するものであるといわざるを得ない。

## 4　刑務所のいま

### (1)　被収容者の数

日本の刑務所の被収容者は、1990年代半ばまで4万人前後であったが、1999年末5万6,000人に増加し、2001年には受刑者の収容率が定員の100％を超え、2007年4月には8万5,000人になり、ピークに達した。拘禁率（人口10万人当たりの被拘禁者数）は、1992年から2007年の間に75％上昇した。まさに過剰収容であり、この頃は、刑務所が満杯だから犯人を捕まえても入れるところがないので捕まえない、という笑えない話もあった。

刑事施設の収容人員は、2007年4月のピーク時からは減少し、2009年末7万5,000人（収容率93％）、2015年末5万8,000人（『平成28年版　犯罪白書』）と減り、過剰収容という事態は脱しつつあるが、長期刑の刑務所での過剰収容は続いている。

女子の収容人員は、2007年以降も増加傾向が続きそのまま横ばい状態になっており、この数年は多少減少しているが、依然として過剰収容が深刻である。

被収容者の内実を見ると、日本の場合、60歳以上の新規高齢受刑者が多く、他国の大体4倍になっているのが特徴的である。60歳以上の高齢受刑者は、全受刑者の20％を占め[8]（フランスは4.0％[9]）、万引きが多い。65歳以上の高齢者の犯罪は、1989年は総検挙人員の2.1％であったが、2006年には12.1

---

(8)　2015年12月24日読売新聞ニュース。
(9)　赤池一将「フランス行刑からみる日本型行刑の特徴とその現在の課題」龍谷大学矯正保護研究センター研究年報6号（2009年）57頁。

％に達している。1998年以降2008年まで顕著な増加傾向にあったが、その後は横ばいである。高齢者の窃盗の起訴人員は、1994年から2013年に男性は8倍、女性は44倍になっている（『平成26年版　犯罪白書』）。検挙された女性高齢者の9割が窃盗犯で、万引きが8割を占める（『平成28年版　犯罪白書』）。

　薬物依存の覚せい剤事犯は入所受刑者の27.8％（『平成28年版　犯罪白書』）を占め、女性は、39％（同）を占めている。

　薬物依存の覚せい剤事犯は、病気であり、隔離だけではダメで、治療施設（病院）への収容が求められる。刑務所ではなく、治療施設に収容すれば、過剰収容も解消する。

(2)　**重罰化の流れ**

　「体感治安の悪化」といわれる中で、2004年刑法が厳罰化の方向で改正された。実刑判決が増加し、量刑の厳罰化（長期化）が長期受刑者の急増を招いた。長期5年以上の判決が1995年頃までの2倍となっている。長期20年以上の有期受刑者は、2011年の267名から2015年は417名へと急増している（『2015年版矯正統計年報』）。無期囚も、1991年870人から2010年1,796人へと倍増し、2015年には1,835人となっている。

　ところが、凶悪犯罪は減少傾向にある。殺人（予備・未遂を含む。）の認知件数は、1950年代後半以降一貫して減少傾向にあり、1978年からは2,000件を下回り、2010年には1,000件を下回った。2015年は933件である（『平成28年版　犯罪白書』）。殺人の既遂は、この約半分である。殺人既遂被害者の数も減り続けており、1970年代前半の半分以下になっており、毎年、戦後最少記録を更新中である。

　国際的に見ても、殺人の発生率（2005年）は、人口10万人中、米5.6人、英3.2人、仏3.5人、独2.9人、韓2.2人に対して、日本は1.1人（既遂は0.5人、2009年は0.4人）という統計がある。今や、殺人発生率（既遂）も、人口10万人あたり0.28件であり、218カ国中211番目（日本より下位の国々は、人口56万人のルクセンブルグ及びその他は人口2,000人から7万人の小国である。）に位置している。日本は、凶悪犯罪が最も少ない国の一つである。

　刑法犯の認知件数は、1996年から毎年戦後最多を記録し、2002年には369万3,928件にまで達したが、この年をピークに毎年減少し、2016年には109万

8,969件とついに戦後最少となった。2003年からの認知件数の減少は、刑法犯の7割以上を占める窃盗（2015年73.5％）の認知件数が大幅に減少し始めたことに伴っている（『平成28年版　犯罪白書』3頁）。2016年上半期（1月～6月）に認知した刑法犯は前年同期をさらに下回っている。窃盗を除く一般刑法犯の認知件数は、2004年に58万1,463件と戦後最多を記録した後、2005年から減少し続け、2015年には29万1,409件となった（『平成28年版　犯罪白書』3頁）。

マスメディアによる過剰な犯罪報道により、「体感治安の悪化」といわれる雰囲気がもたされたものといわざるを得ない。視聴率を上げるために犯罪報道を垂れ流し、被疑者を凶悪犯人に仕立て上げることによって視聴率をかせぐというメディアの競争が、過剰反応の連鎖へと進んでいる。このため、時代的には犯罪が減っているにもかかわらず、逆の印象に世論形成されてきている。事件や事故に過剰に反応する国民性が増幅される。

この流れに、政治家が乗り、刑法の重罰化となり、裁判所もそれに流されて判決が重罰化している。

(3)　**仮釈放の抑制**

(a)　**有　期　刑**

有期刑の場合、法律上は刑期の3分の1が経過すると仮釈放できるが、実際にはなかなか仮釈放されない。仮釈放は受刑先の刑務所長が申請し、各高裁に対応する地方更生保護委員会が決定するのであるが、重罰化の流れが仮釈放にも影響している。

仮釈放率は、概ね5割台であったが、2005年から低下し続け、2009年、2010年は5割を切った（その後回復傾向にある）。ただ、仮釈放されても満期直前が多く、満期の6か月前が最多である。仮釈放された人が刑期のうち刑務所で過ごした期間の割合は、8割未満が2003年には45％あったが、2013年は2割強にまで下がった。これでは申し訳程度に仮釈放しているだけといわざるを得ない。

(b)　**無　期　刑**

無期懲役受刑者の仮釈放は極端に減っている。法律上10年で仮釈放できるが、無期刑新仮釈放者（無期刑仮釈放者のうち、「仮釈放取消し後、再度仮釈放

を許された者」を除いたもの）の平均在所年数が、1980年代までは15年～18年であったが、次第に伸長していき、1998年には20年になり、2003年以降は20年以内の仮釈放者が0となった。2004年以降は一貫して25年を超えており、2004年の平均在所年数が25年10月、2005年が27年2月、2006年が25年1月、2007年が31年10月、2008年が28年10月、2009年が30年2月、2010年が35年3月、2011年が35年2月、2012年が31年8月、2013年が31年2月、2014年には31年4ヶ月、2015年31年6ヶ月になっている。いまや、20年どころか、30年経ってもほとんど仮釈放されないのが現状である。

近年の無期刑新仮釈放者は年に数人程度である。2006年は3人、2007年は1人、2008年は4人、2009年は6人、2010年は7人、2011年は3人、2012年は6人、2013年は8人、2014年は6人、2015年は9人となっており、毎年一桁の数字が続いている。社会復帰が見込める状態となり、本来であれば仮釈放の対象となるべき受刑者までもが仮釈放されていない。

近年は、仮釈放者の数よりも獄中で死亡する者の方が多く、2006年から2015年の10年間の無期刑仮釈放者は71人で、この間に死亡した無期懲役受刑者は164人である。刑務所を生きて出た人と死んで出た人の割合が1対2というのだから、無期刑が事実上の終身刑になっており、仮釈放という制度はほとんど機能していないといっても過言ではない。死刑を無期に、無期を有期にするような恩赦制度はとっくに死んでいる。

2004年刑法改正で有期刑の上限が20年から30年に上がったことが背景にある。

(c) **地方更生保護委員会の審査**

地方更生保護委員会の審査が厳し過ぎるという面もある。やはり、世間の重罰化の流れに流されているといえよう。刑務所側が仮釈放を望んでもなかなか実現しないという嘆きを何度も聞かされた。

2009年から、必ず検察官の意見を求める制度となったが、70％以上が反対意見を述べており、審査の厳しさを加速させている。

仮釈放中の事故、事件を心配して、大丈夫というよほどの確信がなければ仮釈放を認めないという運用がなされているのではないか。そのために、仮釈放されてしかるべき多くの受刑者が涙を飲んでいる。特別予防的な大胆な

運用ができていない。

地方更生保護委員会の委員には、弁護士を含め、もっと多くの外部委員を入れて、柔軟な判断ができるようにすべきである。

### (4) 高い職員負担率

日本の刑務所の特徴は、高い職員負担率である。職員負担率とは、1日平均収容人員÷職員定員をいう。1998年3.04、2006年4.48、2010年3.88、2011年3.68、2014年3.15、2015年3.04（『平成24年版　犯罪白書』～『平成28年版　犯罪白書』49頁）。

ピーク時4.48に比べれば改善されたものの、今なお3人超となっている。

過剰収容で有名な米国でさえ3対1（受刑者3人に職員1人の割合）、ヨーロッパが2対1、北欧が1対1であるから、日本の比率がいかに職員の過重労働を招いているかわかる。女性職員の負担はさらに大きい。

これが日本の刑務所処遇のあらゆる問題の根底にある。経済大国日本といわれていたにもかかわらず、刑事施設（刑務所、少年刑務所、拘置所）に向けられた予算が他国と比べて圧倒的に不足している。悪いことをした人の処遇に金をかける必要はないという発想が背景にあるのではないだろうか。

工場に出る50～100人もの受刑者をコントロールする刑務官は1人ないし数人しかいないから、刑務官も内心怖いので、馬鹿にされないように高圧的になって締めつける方向に傾く。少人数の刑務官で大人数の受刑者を管理するという効率的な規律維持体制をとるために、極度に細かい遵守事項が作られる。

いわゆる専門職が少ないために、刑務官が生活指導から諸々の相談まですべて引き受けることになるが、結局、きめ細かな処遇は困難である。

### (5) 深刻な医師不足

疾病を抱える受刑者は6割以上に上る[10]。受刑者の高齢化が進み、医師の必要性が高まる一方だが、刑事施設の医師不足はいま、極めて深刻である。

全国の刑務所や少年院などの矯正施設で働く常勤の医師は、2016年12月1日時点で、328人の定員のうち65人も欠員になっており、最悪の状況という。

---

(10) 2017年2月9日付琉球新報。

歯科治療を申し込んでから受診するまで半年かかるといわれている（東京拘置所では4か月後が3か月後に「改善」された）。刑事施設の医師はキャリアアップにつながらないというので、敬遠されるのである。

「重大な精神的な障がい又は健康問題があると診断された被拘禁者は、刑事施設にいることがその状態の悪化を意味する場合には、刑事施設に拘禁してはならず、できる限り速やかに精神医療施設へ移送するための措置がとられなければならない」というマンデラルール（被拘禁者処遇最低基準規則109）の実践が、医師不足解消の道でもある。

(6) 再犯者の増大
(a) 再犯者率

一般刑法犯（道路交通法違反を除く）のうち再犯者は、1996年8万1,776人を境に増加し続けていたが、2006年14万9,164人をピークとしてその後は減少し続けており、2015年は11万4,944人となった。初犯者は、2000年20万5,645人から増加し続けていたが、2004年25万30人をピークとしてその後は減少し続けており、2015年は12万4,411人となった。

ところが、一般刑法犯で検挙された人のうち再犯者が占める割合（再犯者率）は、1972年37.6％からほぼ減少し続け、1983年30.9％となり、その後も30％前後で推移していたが、1996年27.7％から毎年増え続け、2015年には、ついに48.0％になった（『平成28年版 犯罪白書』205頁）。これは極めて深刻な事態であり、厳罰化しても最悪の状況である。

初めて入所する初入者は次第に減る傾向にあるが、再犯による再入者はそれほど減っていない。むしろ、入所者全体に占める再入者の割合は、2004年から毎年上昇し続けており、2015年には全体のほぼ6割を占めるまでに至っている（『平成28年版 犯罪白書』217頁）。出所後5年以内の再入率は満期の人が62.2％、仮釈放の人が37.8％となっている。

(b) 再犯者率増大の理由

再犯を防ぐ基本は、住まいと食の確保。円滑な社会復帰には不可欠だ。しかし、引受先が決まらない満期出所者が半数いる（2000年から倍増し、2013年は6,400人）。そして、再犯者の7割が無職である。

出所しても、不況の折から、就職が困難で、すぐ生活に困る。ちなみに、

受刑者が受け取る報奨金は、1日8時間働いて平均月額約4,000円程度であり、出所時の所持金は、出所者の4分の1が1万円以下というから、釈放後直ちに生活が困窮する。

　高い無職者割合が再犯者の数値を引き上げている。刑期が長ければ長くなるほど、就職が困難になり、職を奪われるという悪循環に陥っている。刑務所は非行を再生産する所なのか。受刑者の高齢化が背景にある。65歳以上の満期出所者の70％が5年以内に再入所している。

　新規受刑者の13％に何らかの精神的な障がいの疑いがあるとされる（『2015年版矯正統計年報』）。知的障がいのある受刑者の7割が再犯者という調査結果がある[11]。その再犯者のうち、5回以上の再犯者が57％いる。ところが、療育手帳は6％しか所持していない。

　生活苦から再犯という福祉の貧困のツケが刑務所に回っているといわざるを得ない。海外を見れば、福祉国家ほど受刑者率が低いことが歴然としている。

　望ましいのは、満期釈放になる前に、仮釈放されることである。仮釈放は、住まいが確保されなければ認められない。必ず保護観察がつき、保護観察官や保護司の指導を受ける。円滑な社会復帰のためには重要であり、社会内処遇として先進国では定着している。刑期の終盤を社会で過ごさせるよう義務付けている（必要的仮釈放制）国もある。満期釈放ではなく、仮釈放を原則化すべきである。

---

(11)　2015年2月25日付読売新聞大阪朝刊。

# 第3章
# ヨーロッパの施設を見て

## 1　ヨーロッパの施設

　ヨーロッパの刑事施設・留置施設を巡ると、日本では考えられない光景にぶつかる。

　スウェーデンのテービイ地方刑務所には、受刑者と職員共用の食堂がある。ノルウェーには、寝室、台所、居間付のファミリーハウスがあり、そこで家族と過ごすことができる。夫婦面会の制度は、スペイン、ブラジル、カナダ、ドイツ、イギリス、イスラエル、メキシコ等でも広く認められている。

　海外の一般面会室では、刑務官が面会に立ち会っていない。ロンドン郊外にあるベルマーシュ刑務所では、体育館のような広いところで、最大60人の受刑者の面会が同時に実施されていた。刑務官はそれを眺めているだけで、話の内容は聞かないし、聞こうともしない。

　ベルリンにあるテーゲル刑務所では、作業所で受刑者がラジカセを大音響にして聞きながら作業していた。

　イギリスの刑務所は、教育を教育提供機関に入札して外部委託する。フランスでは、500人の公立学校の教員が施設で毎日教えている。教育省が給料を支払い、かつ、管理する。

　ローマのレビッピア刑務所では、毎日、ワイン（1日0.5㍑）か、ビール（1日1本）が自費購入で飲める。刑務所内にある劇場で、受刑者の演劇が上演され、家族や市民に公開されている。

　19世紀に建てられたポーランドのカリシュ刑務所では、居室の鍵は内側からかけられるようになっている。フランスにも同様の施設があるが、受刑者のプライバシーを守るためだという[1]。

---

（1）　日本でも、福井刑務所には、内側から居室の鍵をかけられる棟がある。

閉鎖施設の場合、総じて、施設の外側は厳重な警戒があるが、内側は自由に、人間的な処遇をするというのが海外の施設の特徴といえよう。日本の被収容者の無表情と対比して、海外の受刑者の生き生きとした顔が印象的である。

職員と受刑者との人間関係が根底にある。外部との自由なコンタクトがある。開放処遇、外部通勤が盛んである。こうして、仕事と家庭が比較的維持され、更生に資することになる。

懲らしめて人間が変わるのか、人間的な扱いをせずに人間的な心を育てることができるのか、考えさせられる。

刑務所職員の役割は、節度をもって、人道的かつ公平に被収容者を処遇すること、すべての被収容者の身の安全を確保すること、危険性の高い被収容者による逃走を防ぐ手立てを講じること、刑務所内の規律を維持し、管理すること、出所後の社会に適応できるよう、所内の時間を有意義に過ごすための機会を与えることと指摘される[2]。

監獄はその国の人権レベルのメルクマール。塀の中は社会を映す鏡ともいわれる。代用監獄をはじめ、日本と海外の刑事施設・留置施設における処遇の違い、その人権落差には甚だしいものがある。

## 2　フランスの行刑改革

(1)　行刑改革の流れ

フランスの行刑は、この四半世紀の間に大きく変化した。

1983年に、家族・友人との遮蔽板のない面会が実現し、囚人服が廃止された。1985年、居室での自由なテレビ視聴[3]が実現し、公教育を受ける権利が定められた。

1987年刑務作業改革が行われた。刑務作業の義務的、強制的性格が廃され、社会復帰とその準備のための手段として、受刑者が施設に要求する権利

---

(2)　アンドリュー・コイル／赤塚康＝山口昭夫（訳）『国際準則からみた　刑務所管理ハンドブック』（2004年、矯正協会）6頁。
(3)　日本でも、テレビを生で自由に視聴できるところがある（福井刑務所、立川拘置所内の受刑者）が、限られている。

と捉えられるようになった。施設は作業を提供する義務を負うこととなり、刑務作業を行うか否かは被収容者の自発性に委ねられた。労働時間や報酬についても可能な限り外部と同水準とすることが義務付けられた。作業内容によっては、最低賃金の30〜45％程度の報酬が与えられる。労災も一般法と同じ補償がなされるようになった。

1990年以来、官民共同運営の施設が23あり、日常業務（宿泊、給食、清掃、施設維持）や作業及び職業訓練は、民間の企業グループによって担われている。行刑職員の任務は、指揮、監視、社会復帰、記録に関わる業務とされる[4]。

医療については、1984年に厚生省の監督が始まり、1994年法改正により、ついに厚生省に移管された。国立病院の医療スタッフが施設内で診療するが、病院長の命令下にあり、刑務所長の指揮下にはない。病院の中の1部局として、他の部局と協力、共存関係にある。逆に、パリ市内の大病院の一角に刑事施設の病室があった。行刑との境界線がはっきりしているから、医師も集まりやすい。

(2) **市民社会を刑務所に入れていく**

行刑施設側ができることは限られており、専門家やNGOなどが外で行っている活動と同じことを施設内でも行い、市民社会を刑務所に入れていくという発想に転換した。施設の購入本の決定は、施設ではなく、公立図書館の司書が行う。

行刑当局の権限をできるだけ剥奪して、塀の外の法制度によって受刑者の生活を構成するようにする。日本でいう厚労省、自治省、文科省、地方自治体などの行政サービスをそのまま刑事施設に導入し、連携を図る[5]。受刑者が刑務所にいるのは一時的であり、いずれはみんな社会に帰って行く。そのときに社会との断絶を覚えるとショックなことになるので、塀の外と同じ法制度を享受すべきものとされる。刑務所は被収容者をまず懲らしめるところであり、処遇が劣悪で当然という旧来の発想からの決別である。

---

（4） マルチン・ビルリング「フランスにおける行刑の現状と課題」矯正講座26号（2005年）。
（5） 赤池・第2章注(9)59頁。

こうして2009年法で、再犯防止は受刑者の権利を守るという考え方がきちんとできないとうまくいかないとして、受刑者の権利についての総合的な理念が打ち出された。

# 第4章
# 日本の行刑改革の方向

## 1　改革の方向性──更生と社会復帰の促進──

　行刑の基本理念は、更生と社会復帰の促進である。基本的に、受刑者はいつかは社会に復帰する。抑圧すればいいのではない。それでは真の意味での社会復帰はできない。

　更生とは、罪を犯した人が刑の執行後に普通の市民としての人生を過ごせるようになることである。施設内で可能な限り人権を保障することが更生の可能性を高める。

　更生の鍵は、家族・友人との絆、社会とのつながりを維持することであり、出所後の職と食、住まいを確保することであり、適切な治療を受けさせることである。

　そこで、受刑者の外部交通、医療などの重要性が指摘される。必要なのは、厳罰ではなく、施設内外の有効な支援である。

　イタリアでは、実刑が決められた後、裁判官2名、臨床心理士、学者の4名で被告人の更生の観点から今後の処遇について裁判を開く。

　スペインでは、刑事施設に対する司法統制を刑事施設監視裁判所により強化している。

　ベルリンのテーゲル刑務所分類センターは、判決確定後の受刑者をまず、開放行刑か閉鎖行刑かに仕分けする決定をする。逃亡の恐れがなく、開放刑務所が適切だと思える受刑者は、ハーケンフェルデ開放刑務所に最初から送る。この刑務所では、日中は従来の職場に勤務させ、夜8時までに刑務所に帰ってくればいい。できるだけ仕事と家庭を失わせないようにという配慮からだ。その間、アルコールは厳禁であり、刑務所でチェックされる。

　日本でも、新法は、外部通勤・外泊・外出を定めたが、その積極的活用が望まれる。

## 2　医療の独立を

美祢社会復帰促進センターでは、産婦人科医が市民も診察して、地域住民にも医療提供するシステムを作ったが、肝心の医師がなかなか見つからなかった。島根あさひ社会復帰促進センターや長野刑務所では、非常勤医師が管理している。月形刑務所では、診療所の開設が民間に委託されていた。

医師不足が深刻になっていることを受け、2015年、医師の勤務時間内の兼業を認めて、勤務時間を医師本人が柔軟に決められるようにする矯正医官の兼業及び勤務時間の特例等に関する法律が成立した。

医療の外部委託を推進すると共に、根本的には、フランスの改革のように、医療を刑務所から厚労省に移管し、保安から医療を独立させることが、日本の深刻な刑務所医療を改革する道であろう。

## 3　賃金制の導入を

受刑者の作業に対しては、作業報奨金が支払われる。2014年福井刑務所では、平均月額3,390円、最高が1万円余で、出所時の所持金は平均43,000円という。『平成28年版犯罪白書』によれば、作業報奨金の予算額は、月平均5,317円。ドイツがおおよそ月額3万円、フランスが5万円というから、桁違いに低い。2015年の出所受刑者の出所時支給作業報奨金は、5万円を超える者が30.4％、1万円以下の者が17.9％であった。

作業は、歴史的に規律・訓練として強制されてきた[1]。しかし、作業を行う義務は、必ずしも、刑罰の内容ではなかった。

日本の懲役刑は、刑罰の内容とされており、2013年、国際人権社会権規約委員会は、矯正の手段または刑としての強制労働の廃止を日本政府に勧告した。

オーストリア、フランス、スペイン、カナダ、ポーランド、キルギスタン、ウルグアイなどでは、作業は労働の対価として賃金制が採用されてい

---

(1)　ミシェル・フーコー／田村俶（訳）『監獄の誕生――監視と処罰――』（1976年、新潮社）。

る。作業によって収入（賃金）を得ることになるので、作業はむしろ権利であるとの意識が強い。仕事の確保が難しいのはどの国も同じであるが、少ない仕事を受刑者が奪い合うような状況である。

　賃金制の導入は、労働意欲につながり、被害弁償や社会復帰にも資する。次に述べる社会保険の適用にもつながる。

　作業は改善・更生に資するものでなければならない。ビニール紐の結び目をほどくだけ（ほどかれたビニール紐は他の受刑者が結び直す）といった単純な刑務作業を行わせる意味がどこにあるのか[2]。日本もそろそろ懲役刑を廃止して、賃金制を導入すべき時期に来ている。

## 4　健康保険・雇用保険・労災保険の適用を

　監獄法改正により、指定医による診療が可能となるよう法定されたが、ほとんど活用されていない。福井刑務所の2013年実績も０件であった。それは健康保険が適用されないからである。

　作業に対する対価として賃金制を採用し、賃金額を引上げ、その一部から社会保険料が支払われるシステムにすれば、健康保険・労災保険の適用により心身がより保全され、社会復帰に資する。

　出所後一定の期間雇用保険が適用されれば、その間、安心して職探しができる。刑事施設に入所するや、社会保険システムから排除され[3]、出所後もその状況が続く現状では、結局、刑務所の中以外では生きる場所のない人々が生み出される。

　1994年フランス法では、それまで保険に加入していなかった者に対しても、刑事施設への収監と同時に被収容者とその家族の社会保険への自動加入が実現し、出所後１年まで、自分自身とその家族のために社会保険の継続が決められている。その社会保険の自己負担分を行刑当局が負担している。刑事施設と出会うことで、それまで社会保険にも入れなかった者が自動加入により社会とのつながりをもつ機会になったともいわれる。

---

（２）　山本譲司『獄窓記』（2003年、ポプラ社）177〜178頁。
（３）　国民年金は、保険支給は停止されるが、入所中保険料の納付免除を申請し、出所後に免除期間の保険料を10年以内に支払うことにより、継続措置がとられるようになった。

## 5　薬物使用者の治療

　覚せい剤などの薬物使用者はある種の病気であるから、隔離するだけでは治らず社会内での処遇が重要になる。渇望のコントロールという治療である。
　ロッテルダム（オランダ）に2000年に開設された薬物常用者支援刑事拘禁施設（SOV）は、未決段階の長期収容施設である。その開放施設では、午前8時～午後5時は仕事のために外出できる。食事は外で買ってきて、自分たちで調理する。外から帰ると、尿チェックされる。最終段階は、施設外生活になる。週に1回SOVに出頭して尿検査する。また、保護観察官が家庭訪問もする。こうしてプログラムが無事終了すると、起訴や判決が免除される。
　米国のドラッグ・コート（薬物法廷）は全米に2,400以上の法廷があり、裁判所の監視の下で民間の治療プログラムに参加する。1年以上かかるが、その間、薬物使用検査拒否などの違反が繰り返されれば、通常の刑事裁判に戻される。プログラムを終了すれば起訴されない。プログラム終了者の再犯率は30％、非参加者の再犯率が60～80％といわれるから、ドラッグ・コートの成果はかなりあるといえよう。日本の成人覚せい剤事犯者の65.4％が再犯者である（『平成28年版　犯罪白書』290頁）ことと比べれば、興味深い。
　日本では、薬物使用者に対して、3年以下の懲役判決が出された場合、一定期間施設内処遇をし、残りの期間について1年以上5年以下の期間執行を猶予する、刑の一部執行猶予制度が実現した（2013年成立、2016年施行）。薬物使用者には、必ず保護観察が付けられ、治療プログラムが義務付けられる。
　覚せい剤事犯者は、そもそも刑務所よりも治療施設への収容が望ましい。そうすれば、被収容者の4の1を占める覚せい剤事犯者が移り、女性刑務所の過剰収容も解消される。

## 6　施設内処遇と社会内処遇の連携——民間人の活用——

### (1)　矯正と保護の連携

　更生保護は、罪を償い再出発しようとする人たちの立ち直りを助け、再び犯罪や非行に陥ることを防ごうとする活動であるが、裁判から矯正そして保護へという流れの中で、更生保護の一環として保護観察と仮釈放がある。保

護観察は、社会内処遇である。刑務所内での出所後の生活環境への整備から出所後の更生保護設備への連携が重要である。フィンランドでは、矯正（施設内処遇）と保護（社会内処遇）が同じ局の下で行われている。

生活環境の調整としては、保護観察所長が、受刑者の家族を訪問して協力を求めるなどして釈放後の住居、仕事先など生活環境の調整を行う。

社会内処遇施設としては、自立更生促進センターが保護観察所に附設されている。親族や民間の更生保護施設では受入が困難な仮釈放者等の当面の受入先とされ、自立を準備する国の施設である。保護観察所が専門的な指導監督と就労支援を行う。このうち主として農業等の職業訓練を行うものを就業支援センターと呼ぶ。

民間団体により運営される更生保護施設は、身寄りのない出所者などに一定の期間、宿泊場所や食事を提供し、就労支援や生活指導を行う。全国104か所にある。保護観察官の指導があり、年間約1万人が保護されている。

2008年更生保護活動サポートセンターが設置された。現在、全国に21か所ある。満期者に対して、更生緊急保護措置がとられることがある。

2009年、厚労省と法務省が連携して地域生活定着支援センターができた。各都道府県が設置し、民間福祉団体に委託して（国から補助金が出る）、満期出所者（高齢者、障がい者等）の服役中から職員が面会し、福祉サービスにつなげる。保護観察所と共同して行われる。

これらは、矯正と保護の連携の要になる存在である。保護観察の特別遵守事項の一つとして、専門的処遇プログラムの受講（月1～2回程度）を義務付けることができ、保護観察官により、2006年から性犯罪者処遇プログラム、2008年から覚せい剤事犯者処遇プログラム、暴力防止プログラム、2010年から飲酒運転防止プログラムが実施されるようになった。

(2) 専門家との連携

2006年ヨーロッパ刑事施設規則は、「外部のソーシャルサービスとの連携および可能な限り刑務所生活への市民社会の関与が促進されなければならない」とする。施設の中と外をつなぐソーシャルワーカーは極めて重要な役割を果たしている。同じソーシャルワーカーが施設内で受刑者の相談にのり、便宜を図り、釈放後も引き続き面倒をみる。こうして、受刑者の心身の安

定、安全性が確保される。フランスでは、1999年に、全国102か所の「社会復帰及び保護観察に関する行刑サービス」(SPIP) が設置され、施設内外を結びつけ、ソーシャルワーカーを配備している[4]。

行刑改革会議が、「民間人の活用」「医学、心理学、教育学など高度な専門知識や技能等を有する職員や民間人の関与が求められる」と提言（38頁）しているが、医師、教師、ソーシャルワーカー等の専門家、地方自治体の福祉機関や民間の援助団体との連携が必要である。

刑務所のみでサービスを提供することはできない。「すべてを自分で賄う」という文化、**刑務所の自己完結主義からの脱却**が求められる。

法務省は、2014年度、栃木、和歌山、麓の3女性刑務所で、近隣の民間団体などと連携し、看護師や介護士などの専門家の協力を得る「地域支援モデル事業」を開始した。

## 7　現在進行中の改革

### (1) PFI刑務所の出現

日本にも、官民協同のPFI刑務所が出現した。PFIとは、公共施設の建設、維持管理、運営などを民間の資金、経営能力及び技術的能力を活用して行う手法のことである。

日本最初のPFI刑務所は2007年に発足した美祢社会復帰促進センターである。ここでは、受刑者に無線タグが装備され、その所在位置が把握されるので、移動に看守が付き添わず、原則として独歩である。食材は地元で調達され、職員は9割が地元採用というように、地域との共生が目指されている。

2008年に発足したPFI刑務所である島根あさひ社会復帰促進センターは、「地域と共に創る"社会復帰支援コミュニティ"」というキャッチフレーズを掲げている。「刑務所入所中に暴力団と関係をもったり、犯罪行為について知識を得たりするなどの刑務所内で進行する非公式な学習すなわち**犯罪化**（刑務所が犯罪の学校になる）と、刑務所規則や刑務官に隷属し自ら思考する

---

(4) マルチン・ビルリング／赤池一将（訳）「フランスにおける行刑の現状と課題」矯正講座26号（2005年）57頁。

力が減退する**囚人化**（管理され指示に従う立場に慣れ、自ら考え判断する自律性を捨て去り他律的に生きる）という２つの文化に漬かっているとどんどん社会復帰が困難になることから、これに**対抗する文化を作る**という方針」（施設側の説明）を明確に掲げている。受刑者を「訓練生」と称して、グループディスカッションを重視している。地域との共生から共創へ――共に創る施設を目指して（パンフレット）、動物介在活動（馬を飼育、訓練するホースプログラム等）に取り組んでいる。きわめて意欲的な活動として注目される。

　PFI施設のこのようなノーハウが他の施設に波及し、いい意味で民間活力の施設への投入が進み、日本の刑務所改革につながることが期待される。

(2)　**長崎地検などの更生支援**

　長崎地検は、いま、長崎県地域生活定着支援センター、障がい者審査委員会と連携して、社会内処遇に向けた先進的な取組みを進めている。

　精神障がい者などの取調べに心理・福祉専門家が助言し、立会い、障がい者審査委員会の審理を受けて、起訴しないで、高齢者、障がい者を扱う南高愛隣会（更生保護施設）に住まわせ、福祉、医療、心理等の専門家チームが更生支援する。あるいは、実刑にしないで執行猶予として、南高愛隣会で更生支援をするなどの試みである。

　他の地検でも、取調べの後に検察事務官が被疑者と面談し、老人ホームなどの福祉機関の担当者が同席し、起訴猶予で釈放された場合の就職先や居住先を確保する試行が始まっている。仙台地検では、高齢者や知的・精神障がい者について保護観察所や自治体、NPO法人などと連携して、在宅捜査の被疑者にまで支援を拡大している[5]。

---

（５）　2014年11月30日付中国新聞朝刊。

# 第5章
# 裁判員裁判と量刑の在り方

## 1 刑罰の目的

そもそも、刑罰とは何か。刑罰の目的は何か。

刑罰には、一般市民による将来の犯罪を防止しようとする（一般予防）効果があり、犯罪行為に見合った反作用として、正義の実現ないし責任に報いる応報刑主義という考え方がある。刑罰により保護されるべきは法規範、法秩序という考え方もある。

これに対して、刑罰に、当該行為者による将来の犯罪を防止しようとする特別予防、刑に社会復帰のための改善・更生を求める（教育刑）視点がある。

犯罪の抑止ないし予防による将来の犯罪防止（これによる法益保護）を刑罰制度の存在理由とみる見解は多数ある。

具体的事例における量刑判断の基準は、犯罪行為に対する応報的な非難＝犯罪行為に対する責任（行為責任）とするのが裁判実務である。こうして行為に対する責任に応じた刑を科すことにより、一般予防の効果が反射的に達成されるとする[1]。

しかし、イタリア憲法27条3項「刑罰は人道的取扱いに反するものであってはならず、受刑者の再教育をめざすものでなければならない。」、スペイン憲法25条2項「拘禁及び保安措置を伴う刑罰は、更生と社会への再統合をねらいとすべきであり、強制労働により成り立つものであってはならない。」は、再社会化に重点をおいており、刑罰の目的として特別予防、教育刑的視点をみることができる。日本でも、刑の一部執行猶予制度を導入した刑法等改正（2013年成立、2016年施行）では、薬物使用者や初めて実刑を科された受

---

(1) 井田良＝大島隆明＝園原敏彦＝辛島明『裁判員裁判における量刑評議の在り方について』〔司法研究報告書第63輯第3号〕（2012年、法曹会）（以下「司法研究・量刑評議の在り方」という。）139～144頁。

刑者を対象として、裁判所が再犯防止のため社会の中で更生を図ることが適当と判断すれば、刑の一部の執行を猶予することができるようになった。

　これらは、刑罰の目的が必ずしも応報のみではないことを示している。人は変わることができるという理念の下に、社会への再統合をめざしているのである。

　罪を犯した人の多くは生活困窮状況にあり、高齢者の再入者については窃盗と詐欺（無銭飲食）の割合が高率であることが指摘されている。このような人たちに対しては、住居、就労、医療等の生活全般を見据えた総合的な社会的援助策を講じることが必要なのであり、単なる応報的な刑罰は、再犯の防止の上で意味をもたない。

## 2　量　　刑

### (1)　量 刑 相 場

　この程度の犯罪にはこの程度の刑罰を、という量刑相場があるとされる。これは、過去の犯罪事例の積み重ねでもあり、その枠内で、情状により量刑の多少の増減がなされる。量刑相場を離れてはいけないというのは、刑事裁判の公平性、罪刑均衡の視点からも求められる。

　裁判員裁判になって、弁護人も裁判所の量刑検索システムを活用できるようになった。裁判所と同じ土俵で量刑相場を考えるということはフェアであり、歓迎すべきことである。同種事件とのバランスを取るために（公平性の要請）、裁判所の量刑検索システムを参考にするのは必要なことである。

### (2)　無期刑もない国

　ヨーロッパに死刑がないのは有名である（フィンランドでは、通常犯罪に対する死刑は1870年代が最後）が、スペイン、ポルトガル、ノルウェーには、無期刑もない。

　1995年に無期刑を廃止したスペインの最高刑は20年（犯罪が競合する場合でも40年に制限）であり、満期になれば例外なく釈放される（2015年、危険性が高い場合に延長できるとの法改正がなされたが、終身刑を認めたものではなく、施行の見通しは不明という）。

　ノルウェーの最高刑は、禁錮21年である。刑期途中で、年間30日以内の外

泊制度がある。2011年7月連続テロ事件（77人殺害）では、オスロ地裁は禁錮21年という最高刑の実刑判決を言渡し、確定した（但し、ノルウェーには収監制度の延長がある）。

(3) 量刑の相対性

量刑には幅がある。時代とともに変わり、地域によって異なる。**量刑は相対的**なものであり、刑の分量を数量化することは不可能である[2]。量刑として何が正しいのか、一律に決めることはできない。

量刑について論じるときに、他の同種事件と比べてバランスを欠いては不公平だという問題は確かにあるが、類似事件といっても、事件ごとに顔は異なる。被告人個々人の生い立ち、環境はそれぞれに異なる。量刑相場は当然参考にはすべきであるが、必ずしもそれにこだわる必要はない。その事件個々に判断すべきであろう。

そもそも日本の幅広い刑法典の適用において、厳格な意味での量刑相場なるものがあったのか、あったとしても、その量刑相場が適正であったといえるのか、疑問なしとしない。

## 3 重罰化への疑問

重罰化が犯罪の減少と関係があるのか、という問題がある。前述したように、刑法犯の認知件数が2002年をピークに毎年減少し、2015年にはついに戦後最少を記録した。凶悪犯罪も減少傾向にあり、殺人既遂被害者の数も毎年、戦後最小記録を更新中という事実をみれば、重罰化との因果関係は薄いといわざるを得ない。

刑務所は「治安の最後の砦」といわれ、罪を犯した人が逮捕され裁判を経て最後にたどり着く場所であるとされるが、重罰を科すことによって、罪を犯した人をいたずらに長期間社会から隔離することは、その期間中の犯罪の防止にはつながるものの、社会から「犯罪者」という烙印を押されて社会復帰を困難にさせるという側面がある。

刑期が長ければ長いほど、住居と職を失い、家庭が崩壊するリスクが大き

---

(2) 司法研究・量刑評議の在り方141～142頁。

くなる。高齢化もし、ますます社会復帰は困難になる。2000年矯正保護審議会提言は、「長期間受刑生活を送った者はいわゆる指示待ち人間になり、社会への再適応が困難になりがちである」と指摘する。釈放されて刑務所を出ても、しばらくは、号令がないと前を向いて歩けない、という笑えない話もある。受刑者が非社会化すればするほど、特別予防としてはマイナスになる。

　遵守事項違反を形式的に一律に懲罰の対象として、受刑者をがんじがらめにする日本の刑務所の処遇実態、仮釈放の運用実態、出所後社会復帰の困難性、年々増え続けている再犯者率などを裁判員たちが知れば知るほど、「刑務所内で進行する非公式な学習すなわち**犯罪化**と指示に従い自律性を捨て去る**囚人化**」が思いやられるはずである。

　1990年国連総会が採択した「東京ルール」は、刑務所に収容することの弊害に着目し、できるだけ社会内で更生させる社会内処遇が望ましいとし、拘禁刑に対する代替措置として、社会奉仕命令などを提案した。2009年欧州閣僚会議、欧州協議会では、できるだけ拘禁刑を採用しないことが確認された。

　フィンランドの有期刑の最長は12年である。無期刑もあるが、通常、13～14年で仮釈放される。20年経てば、ほとんど仮釈放される。

　フランス・オランダは、刑の上限しか定めず、あとは裁判でいかようにも下げられる。刑の下限がないのである。

　フランスには、刑罰適用裁判官がおり、刑罰が修正（電子監視、構外作業、半自由、仮釈放）される。2年以下の拘禁刑は刑務所に収容しないという刑の修正制度がある。原則として、70歳になると、刑の執行が停止される。

　イタリアでは、残刑が2年になると、刑の執行が停止される。

　量刑を考える場合、出所の際の年齢や環境こそ十分に考慮されるべきである。果たして重罰化すればいいのか、根本的な疑問を禁じ得ない。責任は、刑の上限を画するだけで、フランスのように下限をなくして、特別予防的に量刑を決めるという方向をもっと進めてよいであろう。人間は変わり得るものである。刑の執行の一定時期ごとに刑罰適用裁判官がその量刑を見直す制度を作ることも考えられる。

## 4　裁判員の量刑関与について

### (1)　裁判員が量刑に関わるメリット

　裁判員制度を否定する論者の中には、陪審制は否定しないで、逆に、陪審制を基準にして、日本の裁判員裁判は量刑まで判断するから反対という議論がある。また、裁判員制度はあってもいいが、陪審制の方がよりいいという意見がある。

　一般に、陪審制だと量刑はプロの裁判官のみが判断する。ただ、アメリカの陪審制でも、死刑の適用という量刑の最たる場面は陪審員が判断する。

　結局、量刑に市民が関与していいのか、市民が関与した方がいいのか、という問題である。その前提として、量刑はプロの裁判官が判断することがいいという考え方がある。

　しかし、そもそも量刑は相対的なものである。重罰化の世論に抗しきれず、重罰化の立法と判例を重ねたのがプロの法律家であった。裁判官は官僚の世界。量刑相場に縛られ、個別の状況についてあまり考慮しないという側面もあった。

　それに対して裁判員には、あまり量刑相場に囚われず、被告人に直接触れた感覚からその被告人の更生をまず考える傾向がある。そのような裁判員のせいにして、裁判官も旧来の量刑相場から解放されることができる。裁判員が量刑判断に参加するということは、これまでの量刑判断と違う結果が出ることを制度自体が想定していることを意味する[3]。できるだけ不公平にならないようにという要素を考慮しつつも、目の前の被告人を更生させるために日本の刑務所にどのくらいの期間収容するのが妥当か、個別に考える必要がある。いま、裁判員裁判が、量刑相場見直しの契機になっている。

　市民（裁判員）が量刑を考えることは、犯罪を社会の問題、共同体の問題として受けとめるいい機会でもあるだろう。出所後、自分たちがどのように受け入れるかという「共生」の観点の共有が求められる。また、死刑について、自らの社会の問題として考える機会にもなり、国民的関心が広がっている。

---

（3）　司法研究・量刑評議の在り方26頁。

第5章　裁判員裁判と量刑の在り方

裁判員が量刑に関わることにはこのようなメリットがある。

(2)　裁判員裁判の上級審での見直し

(a)　求刑を上回った裁判例

2012年、大阪地裁[4]が、殺人罪に問われ発達障がいのある被告に、「障がいに対応できる受け皿が社会になく、再犯の恐れが高い」として、求刑を4年上回る懲役20年を言い渡したが、大阪高裁[5]は「傷害の評価が正当でない」として、求刑の枠内の懲役14年に軽くした。1審裁判官も裁判員も、発達障がいに対する理解が不足していたものと思われる。

また、女児虐待死事件で傷害致死罪に問われた1審判決が、「殺人罪と傷害致死罪との境界線に近く、常習的な幼児虐待の延長としての犯行」と指摘し、「本件のような児童虐待には今まで以上に厳しい罰を科すことが社会情勢に適合する。法定刑の上限に近い量刑が相当だ」として、いずれも求刑の1.5倍の懲役15年とされた両親について、2審はこれを維持した。上告審で弁護側は、同種の傷害致死事件で過去に言渡された量刑は懲役2〜12年の幅で、最多は6年だったと指摘し、15年は「量刑の均衡を甚だしく欠いた重い判決」と主張した。最高裁平成26年7月24日第一小法廷判決[6]は、量刑判断について「過去の傾向に従うことは求められていない」としながら、裁判員裁判といえども他の裁判との公平性を保つ必要があるとし、仮に、過去の量刑傾向から大きくかけ離れた判断をする場合には、「従来の量刑の傾向を前提とすべきではない事情の存在について、裁判体の判断が具体的、説得的に判示されるべきである。」とし、父の量刑を懲役10年、母の量刑を懲役8年に減刑した。「市民感覚を大切にしながらも、量刑の議論が不十分なままで厳刑の傾向が強まることへの、懸念が読み取れる」[7]といえよう。

(b)　死刑判決の破棄

1審の裁判員裁判での死刑判決を高裁が破棄して、無期懲役とした例が数件ある。平成27年2月3日最高裁第二小法廷は、裁判員裁判による死刑判決

---

（4）　大阪地判平成24・3・21刑集68巻6号948頁。
（5）　大阪高判平成25・4・11刑集68巻6号954頁。
（6）　最（一小）判平成26・7・24刑集68巻6号925頁。
（7）　朝日新聞2014年7月25日付朝刊。

を破棄し、無期懲役とした高裁判決を維持する2件の決定を出した[8]。

そもそも、死刑判決と無期判決とでは、殺される刑と生きていられる刑という意味で、質的には全く異なるが、実際に事件を起こして死刑になるか無期になるか、判断が行ったり来たりしていることは否定できない。死刑判決が言い渡される事件と無期刑判決が言い渡される事件との間に差異を設ける明確なメルクマールがない。いわゆる永山判決[9]は、死刑判決を考慮する際の論点を適示したに過ぎず、これによって死刑と無期刑をすみ分ける基準が設定されているとはいえない。

そこで、死刑と無期の間で揺れ動く判決が出てくるのだが、この最高裁判決は、裁判員の市民感覚を尊重しつつも、判例からみた公平性によったという。とりわけ死刑判断の公平性を重視したといわれる。そもそも、死刑と無期の間で揺れ動く判決が出る状況が問題である。2008年国際人権自由権規約委員会が日本政府に勧告しているように、死刑は「最も深刻な犯罪」に限定すべきである。

(c) **見直しの基準**

たしかに、死刑判断はより公平にというのはその通りだが、死刑判断でなくても公平性は一定尊重されるべきである。では、裁判員裁判の意味はどこにあるか。判例にあまりとらわれず、市民感覚を尊重するという建前とどのようにバランスをとるか。

そもそも重罰化傾向には根本的な疑問があり、裁判員裁判における量刑が、量刑相場を超えて重く振れる場合には、上級審で適正な見直しがなされて然るべきであろう。もっともそれに合理性があれば、裁判員裁判の結果を尊重することもあるだろう。

判例、公平性のレベルを超える重罰刑は公平性の観点から排除し、個別の情状を評価してそのレベルを下回る判決（執行猶予を含むより軽い刑）は尊重するとすべきではないか。つまり、公平性の観点から、その上限を超えることはできないが、下限はなくすという考え方だ。既に、フランスは、刑事司

---

(8) 最(二小)決平成27・2・3刑集69巻1号1頁、最(二小)決平成27・2・3刑集69巻1号99頁。
(9) 最(二小)判昭和58・7・8刑集37巻6号609頁。

法改革で刑の下限をなくしている。公平性は、重罰化を防ぐという面で考慮すればよい。

### (3) 裁判員裁判と死刑判決

ちなみに、この最高裁決定から、死刑が想定される事件は裁判員裁判の対象にしないという意見も出ている。2015年には、裁判員裁判で死刑判決を受けた者の死刑が初めて執行され、この問題が改めて論議を呼んだ。

しかし、陪審員が量刑は判断しないとされるアメリカの陪審制は、死刑のときは陪審員に判断させる。死刑という極限の問題を市民が考えることは極めて重要であり、市民社会のシステムの根幹に関わるから、裁判員裁判に死刑が想定される事件を除くという考え方には賛成できない。

そもそも死刑の是非について、いま、真剣に検討する時期に来ているのではないだろうか。2016年、日弁連は、東京オリンピック・パラリンピックが開催され、国連犯罪防止刑事司法会議が日本で開かれる2020年までに、死刑を廃止するよう求める宣言を決議した。「人殺しを忌みきらい、人殺しを罰する総意の表現にほかならない法律が、公然の殺人を命令する、国民に暗殺を思いとどまらせようとするために殺人をする——なんとばかげていはしないか？」[10]。

（こいけ・しんいちろう）

---

(10) ベッカリーア／風早八十二＝五十嵐二葉〈訳〉『犯罪と刑罰』(1938年〈1959年改版〉、岩波文庫) 99頁。

# 第4部
# 裁判員裁判の成果と課題

# 第1章　裁判員裁判の成果

牧　野　　　茂

　市民が刑事裁判の審理や評議に参加するという司法参加によって、これまでの刑事裁判がどのように変化していくのか、そもそも制度がそれなりに運営されていくのか、改善されていくのか、国民の期待と懸念のなか、裁判員制度がスタートした。

　日本人がまじめな国民性であり、裁判所をはじめ法曹三者が事前に模擬評議や実務研修をしたこともあって、まずは無難に開始していった、と一般に評価されている。

　これまでのところ、従来の刑事裁判へ与えた影響は、おおむねプラスに評価されている。もちろん課題や問題点も多々指摘されているが、まずプラスと評価される点から述べていきたい。

## 1　口頭主義、直接主義の徹底

### (1)　市民参加の影響

　市民が参加できて、しかも、見て聴いて分かる裁判が必要な結果、集中した日程のなかで、公開の法廷での口頭での弁論や証人尋問及び被告人質問が中心の審理となった。

　それまでの、捜査段階での取調べ調書中心の書面審理を柱としていた審理から大きく変化した。

　本来の刑事裁判の基本原則である口頭主義、直接主義による法廷での審理、公判重視となり、冤罪の温床といわれていた密室の供述調書偏重が相対的にはトーンダウンしたわけである。裁判員裁判になって、その場で見て聞いて分かる審理に大きく変革された。

第1章　裁判員裁判の成果

(2) **書証から尋問へ**

書類の証拠調べが、裁判員裁判では、法廷ですべて証拠調べする直接主義・口頭主義から全文朗読が原則になった。

従来の審理では、書面の「要旨の告知」といって、法廷では要点だけ述べて済ませ、裁判官は証拠採用した書面を法廷が終了した後、裁判官室や自宅に持ち帰って読み込むやり方であった。このようにして調べられる書面の中心は、捜査段階の被疑者や証人の供述調書であった。供述者が述べた形になっているが、実際は捜査官が聞き取って供述者が語った形式にした捜査官の作文であった。

特に、被疑者の自白等、自分に不利な事実を含む供述調書は、後に公判で否定しても、自発的に述べて内容も特に信用できるとされる場合は、証拠として採用される。

審理の中心が、その調書が自発的に述べられ内容も特に信用できるか否かという点になり、そのため多数の供述調書の検討が行われ、取調べ官が証人となるなどして、裁判の長期化を招いた。

裁判員裁判になって、がらりと審理方式が変わった。

膨大な書面を評議室で裁判員が読み込むことは事実上無理であること、もともと密室で捜査官が取調べて作文した書面より、本人が法廷でなまなましく述べることができるなら、証拠として直接その人の言い分を見聞きでき、表情も観察できる点で証拠としては格段に優れている。そこで証人についても被告人についても、公開の法廷で直接証人尋問や被告人質問を中心に審理することになり、裁判員にも傍聴人にも格段に分かりやすい審理となったのである。

(3) **訴訟関係人の工夫**

見て聴いて分かりやすり審理のため、検察官、弁護人、裁判所がそれぞれ工夫していることも重要である。

・検察官も弁護人も、従来の法律のプロ同士のときのような専門用語の多用は避け、また図面や時系列表を活用するようになった。

　検察官は冒頭陳述（これから証拠で証明しようとする事実の主張）をＡ３一枚くらいにまとめ、パワーポイントも活用し、10分位の説明で頭に入るよう

に工夫している。裁判員にも分かりやすいと評判が良いようである。

ただ解りやすい内容の反面、冒頭陳述である程度事件の印象を持ってしまったとの感想もある。

主張と立証は区別されるべきなのに、主張に過ぎない冒頭陳述で、早くも証拠調べ実施前に予断を与える、との懸念も指摘されている。

ハワイの女性裁判官が日弁連主催の講演に来て、「陪審員の皆さん、いま検察官と弁護人がそれぞれの立場から冒頭陳述を行いました。もしここで結審したとしたら被告人は有罪ですか、無罪でしょうか。どう考えますか」と陪審員各位にたずねたところ、「検察官の冒頭陳述は筋が通っていて信用できる。私は有罪だ」、「いや弁護人の無罪主張は説得力がある。私は無罪だ」とかしばらく言わせておいて、「何を言っているのですか。無罪に決まっているでしょう。なぜなら検察官はまだ何一つ立証していないのですよ」と答えたというエピソードを語った。 これほど見事に冒頭陳述は立証ではなく立証予定の主張に過ぎないこと、無罪推定の原則、検察官に立証責任があることを鮮やかに指摘した例を知らない。

その後東京地裁でも、冒頭陳述が終わった後、評議室で裁判員に、「いまの双方の冒頭陳述で事件にある印象を持ったとしても、今のは立証ではないので、証拠調べから厳密に心証をとるように注意してください」と警告する裁判体があるというが、良い対応だと思う。

日弁連は、陪審員裁判で熟練のアメリカの弁護士を招き、全国で、観て聴いて分かるプレゼン能力の技術指導を行った。

東京地裁を中心に全国各地で制度開始前に法曹三者協力で多数の模擬裁判を実施して制度に備えたことは特筆すべきであった。

## 2　弁護人への証拠開示の拡大

裁判員裁判前は、検察官は提出したい証拠だけ証拠の申し出をして弁護人はそれ以外の検察官が持っていそうで弁護側に有利になるかもしれない捜査資料については見ることができなかった。例外的に証拠調べ開始後に裁判所の訴訟指揮で検察官に証拠開示させた場合だけ検察官の未提出の証拠を見られるにとどまっていた（最高裁昭和44年4月25日第二小法廷決定[1]の枠による例

外)。

それが、裁判員裁判では公判前に集中して主張・立証の準備をする必要があることから、裁判員法制定にあわせて改正された刑事訴訟法の新規定により、一定の範囲の検察官の手持ち証拠は、弁護側が検察官に公判開始前に証拠を事前に弁護人に提出、開示することを請求できるように改正された。

2つのタイプの証拠開示請求が認められた。

ひとつは当初から請求できるとされる「類型証拠開示」である。これは通常、被告人の防御のために役立つことから開示の必要性が高く、開示に伴う弊害も少ないためあらかじめ弁護人に開示することが争点整理に役立つとして一定の範囲で認められたものである（刑事訴訟法316条の15第1項）。

証拠物、検証調書等の客観証拠と捜査段階の供述調書等で検察官が証拠請求していない被告人の他の供述調書・証人予定者の供述調書・被告人の取り調べ状況の報告書等の重要な書面である。

もう一つのタイプの証拠請求できるものは「主張関連証拠」と呼ばれるものである。これは弁護人がアリバイや責任能力（刑事責任を問えない精神状態）等の防御の主張をした後にその主張に関連した一定の証拠を主張関連証拠として弁護人が公判前に検察官に証拠開示請求できることとされたものである（刑事訴訟法316条の20第1項）。

たとえば、弁護人が予定主張としてアリバイを主張する場合の被告人の行動を裏付ける証拠（防犯ビデオの映像、買い物の記録等）などである。

公判前に裁判官、検察官、弁護人が、公判前整理手続を行って、争点と証拠調べの対象を絞り込むことにした反面、検察官が提出を予定していない証拠も弁護人側が防御の主張・立証を最初から準備できるように配慮された証拠開示制度である。

全面的な証拠開示（検察官の手持ち証拠はすべて弁護人が事前に見えるように請求できる制度）にはほど遠いが、裁判員裁判実施前に比較すれば、一定の範囲で権利として弁護人から事前に検察官の手持ち証拠を見られるようになった点で、武器平等の見地や被告人の防御権確保の見地から大きな前進とい

---

（1）　最（二小）決昭和44・4・25刑集23巻4号248頁。

える。

## 3　無罪推定原則の実現

検察官が起訴すると有罪判決となる比率（有罪率）が99.9％というのがこれまでの実態であった。これでは、事実上は有罪推定になりがちであった。

裁判員裁判になると、裁判所が裁判員に無罪推定の原則を説明する。検察官に有罪の立証責任があり、常識に従って間違いなく有罪と言えないなら無罪としなければならない、と説明している。

こうして、裁判員から証拠上、有罪とするには疑いがあるとの指摘があれば、裁判官は無視できなくなる。検察官が起訴した以上有罪が当然で他の証拠と総合判断して有罪でよいという判断はできなくなり、無罪判決が書きやすくなったと思われる。良心的裁判官は、無罪判決を自信を持って書けることに意義を感じているかもしれない。

裁判員裁判になって無罪推定の原則の貫徹とも見られる無罪判決が登場した。市民が刑事裁判の原則に裁判所を引き戻したともいえるであろう。以下、その事例としていくつかを紹介する。

(1)　千葉地裁チョコレート缶事件（覚醒剤密輸事件）

起訴事実は、「被告人は氏名不詳者と共謀のうえ、覚せい剤約998グラムをチョコレート缶3個に収納し、ボストンバッグ内に隠してマレーシアから輸入した。」というものであり、争点は、被告人が、チョコレート缶内に覚せい剤を含む違法薬物が隠されていることを知っていたかであった。

検察官は、チョコレート缶を自分でボストンバッグに入れた、報酬を約束され航空運賃も負担してもらった、被告人の税関での行動が不自然性、被告人の言い分が不自然と主張した。

千葉地裁平成22年6月22日判決[2]は、

・偽造パスポートを持ち込むことを依頼されていたことは被告人も認めており、被告人が偽造旅券が費用に見合う価値を有していないと理解していたと認める証拠もない。

---

(2)　千葉地判平成22・6・22刑集66巻4号549頁。

- 本件チョコレート缶を持っただけで、重量感のみからその中にチョコレート以外のものが隠されていると気づくはずであるとは到底いえない。
- 正直に申告することによって、厳密な税関検査をうけることを煩わしく思い、預かり物がないと嘘をいうことはあり得る。また、弁護人指摘の通り、偽造旅券発覚を免れるために嘘をついたとも考えられる。
- 税関で狼狽した態度がないことは不自然であるが、動揺していることが表情にでることは人によって大きく異なる。

として、検察官は有罪を立証できていないとして無罪判決を言渡した。

海外の密輸組織が絡んでいる事件のため、海外での証拠収集が困難であり、従来なら報酬を得ていたことや税関での言動から有罪となったような事件でも、現実に法廷で提出された証拠からは覚醒剤を持ち込んだと知っていたことの立証には疑いがある、として無罪判決が言渡された複数の例の一つである。

のちに東京高裁平成23年3月30日判決[3]は、逆転有罪としたが、最高裁平成24年2月13日第一小法廷判決[4]で破棄され、1審の裁判員裁判無罪が確定した。

### (2) 東京地裁住居侵入・窃盗・現住建造物放火事件

東京地裁平成22年7月8日判決は、放火実行推定時間帯5時間のなかで、被告人がアパートに忍び込んで1,000円を盗みカップ麺まで食べたことを認定しながら、その家が玄関も出入り自由であって、放火実行推定時間帯のなかで被告人以外の第三者が放火した可能性は否定できないとして、住居侵入・窃盗罪のみ認め、現住建造物放火罪は立証不十分として無罪を言渡した。

無罪推定の原則を徹底した判決といえよう。

なお、この事件は、1審では11件の放火の前科については情状証拠（有罪であった場合の量刑判断の証拠）として判決謄本のみ証拠採用し、犯人性の証拠（有罪であることの証拠）としては採用しなかった。これに対して、検察

---

(3) 東京高判平成23・3・30刑集66巻4号559頁。
(4) 最（一小）判平成24・2・13刑集66巻4号482頁、判例タイムズ1368号69頁、判例時報2145号9頁。

は控訴し、東京高裁平成23年3月29日判決⁽⁵⁾で、犯人性立証を1審が許さなかった点の違法と事実誤認で破棄有罪とされた。

ところが最高裁平成24年9月7日第二小法廷判決⁽⁶⁾は、高裁判決を破棄し、前科立証を犯人性に使うことが許されるのは、顕著な特徴があってそれ自体で犯人性を示す場合に限るとした。ちなみに最高裁は、同種前科とされたのは17年前の事件であり、しかも今回の事件の際、多数の窃盗事件を被告人は実行しているが、放火はしていない点からも、高裁判決を批判している。

(3) 鹿児島地裁強盗殺人等死刑求刑事件

金品を奪い取る目的で、鹿児島市の老夫婦（当時90歳と87歳）方の窓ガラスを破って侵入し、殺意をもって金属製スコップで老夫婦の頭部、顔面部等を多数回殴打して、頭蓋骨骨折や脳挫傷等によりそれぞれ死亡させたとして、住居侵入、強盗殺人で起訴した事件。

被告人は被害者宅に行ったことは一度もなく、本件犯行を一貫して否認し、無罪を主張した。

本件では犯行の目撃状況等、被告人が犯人であることを直接示す証拠がなかった。また被告人が使用していた衣服、メガネ、靴や、被告人が当時住んでいた部屋等からも被害者らの血痕や本件犯行とつながるような痕跡は全く発見されなかった。

検察官は、①犯行現場からの物証、つまり侵入時の窓の細胞片がほぼ被告人のDNAと一致し、ガラス片から被告人の指紋が検出されたこと、および物色された形跡が残る6畳和室の整理ダンスからやその周辺に被告人の指掌紋が付着していたこと②金銭に困っていて被告人は強盗の動機があること③被害者である老夫婦を知り得る立場にあること④アリバイがないことを総合して、被告人以外に犯人はあり得ない、と主張した。

これに対して弁護側は、①被告人が犯人であることを前提とすると、本件犯行内容には不自然、不合理な点が多々あり、疑問があるとし、さらに、②物証については、被害者宅には一度も訪れたことはなく、部屋内の指掌紋等

---

(5) 東京高判平成23・3・29判タ1354号250頁。
(6) 最（二小）判平成24・9・7刑集66巻9号907頁、判例タイムズ1382号85頁。

はねつ造された証拠であると反論した。

　鹿児島地裁平成22年12月10日判決[7]は、

- 直接証拠がない事件なので状況証拠から有罪か否かを判断するが、その場合、最高裁平成22年4月27日第三小法廷判決[8]の判断基準、すなわち、被告人が犯人でないと合理的に説明できない事実（あるいは、少なくとも説明が極めて困難である事実）が含まれていることが有罪とするためには必要とした。
- ①犯行現場での物証について、弁護人の証拠のねつ造の主張は退け、整理ダンスの部屋に少なくとも過去には一度は行ったことがある。一度も行ったことがないとの被告人の公判での供述は嘘であるとした。

　しかし、動機や犯行態様、犯人とするには希薄な事情も総合すると、本件以外の過去の時期に訪れて付着した疑いは残り、結局、本件指掌紋が本件犯行時に付着したものであることには合理的疑いが残ると言わざるをえない。

　そして、現場に一度も言ってないと嘘をついたことから直ちに本件の犯人と断定することまではできず、嘘をついたことにはさまざまな理由もあり得る。

- ②動機について、被告人は金銭に困窮していたが、直ちに強盗をするほど困窮したとまでは立証されていない。
- 強盗目的とするが、スコップで100回以上殴られた本件犯行態様からは、強盗目的であることは疑わしく、むしろ怨恨が動機としたほうが自然であるところ、被告人が被害者に怨恨をもっていたことは全く立証されていない。
- 強盗目的であるなら、整理ダンスを開けたりしているのに、すぐとれる現金や通帳に手をつけず、他の場所の金品にも全く手つかずで放置されていることの説明がつかない。
- ③最も重要な証拠である、被害者夫婦を100回以上も殴打したとされる本件スコップから、被告人の痕跡が全く検出されなかった。

---

（7）　鹿児島地判平成22・12・10裁判所ウェブサイト。
（8）　最（三小）判平成22・4・27刑集64巻3号233頁。

以上の通り、本件程度の状況証拠をもって被告人を犯人と認定することは、刑事裁判の鉄則である「疑わしきは被告人の利益に」という原則に照らして許されないというべきであって、結局、犯罪の証明がないことに帰するから、無罪とした（検察官が控訴中に、被告人死亡のため、控訴審判決がないまま終了）。

## 4　判決後の被告人の行刑や更生まで考慮する判決の増加

職業裁判官と違って、裁判員にとっては一生に一度の初めての体験で、被告人の運命に関わる判断の機会である。単に判決を言渡して終わりではなく、被告人は実刑になるとどうなるのか、執行猶予の方が良いのではないか、更生してくれるだろうか、再犯を犯したらどうしようなどと、市民が真剣に考え、量刑判断する。執行猶予判決の保護観察付きの率が増加したこともその表れといえよう。

## 5　刑事事件や犯罪を他人ごとでなく自分たちの問題と捉える意識

多数の裁判員経験者から「裁判員を経験してみて真剣に犯罪者とされたひとと向き合ってその刑を議論し犯罪の背景まで検討し、社会に出てきたあとの更生のことまで考えている内に、それまで他人事であった犯罪や刑事裁判が人ごとでなく自分たちひとりひとりの社会の問題であることに気付いた。一歩間違えば自分も裁かれる側に回っていたこと、犯罪予防をどうするかなど犯罪や刑事事件への見方が大きく変わってその後の報道の見方も複合的に見るようになった」という感想や意見を聞く。

犯罪や刑事裁判に対する、人ごとでなく自分たちの問題であるという意識変化は、裁判員経験者の感想が報道や市民団体のシンポジウム等で伝えられることで、市民全般にも影響が出てきている。社会問題は広く自分たちの問題であるという市民の主体意識が広まりつつある。裁判員の司法参加の社会的効用といえるものであろう。

（まきの・しげる）

# 第2章　裁判員制度の課題

牧　野　　　茂

## 第1節　立法面・運用面での課題

### 1　防御権の保障

(1) **裁判員制度に伴う課題**

　裁判員裁判では、裁判員の仕事等もあり、一般的に、短期間の集中審理となる。そのため、刑事裁判は、本来は被告人のための審理・判決なのに、弁護側が十分な準備ができないまま審理に入るおそれがある。

　そこで、被告人・弁護人が十分言い尽くせ、反証できるのか、被告人の防御権の保障が新たな課題となる。

　これを補うために、検察官手持ち証拠の弁護人への事前の十分な開示が必要となる。

　また身体を拘束されたままでは、被告人と弁護人とが公判準備を十分に行う時間が確保できないから、不必要な勾留は行わないことと、起訴後には速やかに保釈することが求められる。更に起訴前の保釈も実現している先進諸外国にならって制度化が検討されるべきである。

　事実を争ったり、自白していないだけで勾留を安易に認める、いわゆる人質司法から脱却すべきである。

　更に身体拘束中の取り調べが適正になされ冤罪の原因となってきた虚偽自白がなされないようにするため、「取り調べの全過程の録音録画」と「弁護人立会権」が速やかに確保されるべきである。また身柄拘束場所と取り調べ場所がおなじであり取り調べへの圧力の弊害が指摘され続けている代用監獄

も速やかに廃止されるべきである。これらの従前から冤罪防止のため改善が指摘されているにもかかわらず手つかずの問題点は市民参加の裁判員制度導入の機会に一挙に改善されるべきである。万が一にも虚偽自白資料に基づき審理して素人である裁判員も巻き込む冤罪が発生することは訴訟資料を提供する法律専門家が決してしてはならぬことであるからである。もちろんこの改善は裁判員裁判事件を含む全刑事事件についてなされるべきであることは当然としたうえでのことである。

(2) 全面証拠開示への法改正

裁判員裁判の集中審理に対応するため、弁護人への証拠開示が段階的とはいえ拡大された。しかし、最初からの開示でないため、防御の方針をたてるための資料が揃わないまま、弁護人は弁護方針の準備開始を強いられてしまう。なおかつ、開示される証拠が不十分なため、重要な証拠が隠されているか、不明のままである。

## 2　評議の守秘義務

(1) 評議の守秘義務

裁判員法70条1項、108条は、裁判員、補充裁判員が職務終了後も「評議の秘密」を漏らしてはならないと罰則付きで規定している。

裁判員法70条1項は以下の3点を評議の秘密として任務終了後も漏らしてはならないとする。

　イ　評議の経過
　ロ　それぞれの裁判官、裁判員の意見
　ハ　ロの多少の数

そしてこれに違反したときは裁判員法108条で原則6月以下の懲役または50万円以下の罰金とする（イの評議の経過の違反の時だけはやや軽く、財産上の利益を得る目的の時だけ同じ刑罰で、そうでないときは50万円以下の罰金としている）。

(2) 守秘義務規定の弊害

以上の通り「評議の守秘義務規定」は、評議における自由な意見交換の確保と裁判の信頼性を立法理由として規定されたとされるが、違反すると懲役

刑・罰金があるものである。

しかし、これでは、市民の表現の自由を制限し、裁判員経験者に評議の内容を話せない萎縮効果を与え、市民の意見が反映される中心的場面である評議の内容が全く語られず、ブラックボックスになってしまう。

裁判員制度が画期的なのはこれまで専門家の裁判官だけで判決を決めていた聖域である評議室に市民がはじめて入ったことにある。ところが評議の守秘義務規定で評議の具体的内容が話せないとされている。

評議は市民参加の中核なのだから、その内容を十分に明らかにして国民の共有資料とできないと、折角の画期的な制度の運用改善が出来ない重大な弊害が生じている。

また裁判員経験者へ評議の具体的内容を話せないことによる重い心理的負担（家族にも話せない苦痛）を与える。

特に死刑求刑事件について死刑判決の場合で反対意見があった場合も反対意見があったことすら言えないで死刑を言い渡した裁判体の一員として一生過ごす苦痛は甚大なものと想定される。

その他、評議自体が適正に進行しているかも検証できない点や、「評議の経過」など感想と評議の秘密の限界も一般市民には曖昧で、守秘義務の範囲が不明確なため、萎縮して、本来は話せるはずの感想も話せない現状がある。

## 3　裁判員の心理的負担軽減の必要性

裁判員制度の功績を支える裁判員の心理的負担ケアの不十分性。

### (1)　裁判員の職務遂行に伴う心理的負担

裁判員裁判が刑事裁判において市民参加によってプラス面の実績を発揮してきていることは既に述べたとおりである。

この成果を支えているのは熱心に審理と評議に取り組んできている裁判員一人一人の努力である。

ところで、真剣に裁判員がその職務を遂行しようとするとどうしても職務遂行にともなって重い心理的負担を負ってしまう。

## (2) 心理的負担のデータ

　まず実態調査のデータとして平成22年5月21日にNHKが裁判員経験者と補充裁判員330人に実施したアンケートでは、回答者215人のうち3分の2にあたる67パーセントの人が「裁判員に参加して心理的負担やストレスを感じた」と回答し、そのうち15パーセントが「今でも（アンケート回答時）心理的な負担を感じている」と回答している。各種報道でも裁判員経験者ネットワークの交流会等での生の裁判員経験者の声によっても裏付けられている。

　その原因としては、第一に人の運命を決めることの重いこころの負担があげられる。

　突然、裁判員に選任されて、被告人が有罪かどうか有罪とした場合どのくらいの刑が妥当かという被告人の一生の運命を決める決断を迫られることは非常なこころの重荷になる。このことは裁判員経験者ネットワークでも交流会での多数の裁判員経験者から語られ、また報道もされているところである。さらに明治安田こころの健康財団から助成金を得て、裁判員経験者ネットワークが全国の裁判員経験者にアンケート調査・面談調査・公開シンポジウムで調査研究して平成27年6月に論文にまとめて研究発表もした中でも指摘されている。

　また、審理に際して残酷な証拠を見たり聴いたりすることによる心理的負担もあげられるが、これも同じく裁判員経験者ネットワークでの交流会の体験談や報道や上記研究論文でも指摘されており、更に福島地裁での裁判員裁判で残酷な証拠を見たり聞いたりして急性ストレス障害になった裁判員経験者が国賠訴訟を起こした事例からも知られていることである。

　しかも評議に厳重な罰則付きの守秘義務が課せられていることから、他人にこれらのこころの負担を話せない、裁判員のこころの負担の軽減、解消の方策が課題となっている。更に死刑求刑事件の極度の心理的負担の点は今後もあり得るという状況が存在している。

## (3) 対策の必要性

　裁判員個人のためにも必要だが、裁判員の真剣な取り組みが裁員員制度を支えているのだから、そこから発生しがちな心理的負担の軽減対策は裁判員に安心して職務に取り組んでもらうことにより裁判員制度を健全に維持して

いくためにも国家の職責といえる。

## 4 死刑事件──死刑事件を対象事件とすべきか──

死刑求刑が予想される事件について、極刑の量刑判断を一般市民にさせることは負担が重すぎるから裁判員裁判の対象から除外すべきではないか、との議論がある。

他方で、死刑のような極刑こそ、主権者である市民が参加して直面することが、死刑制度の存置論・廃止論や死刑が相当であるとの量刑基準を国民的議論とすることができるとの見解がある。

## 5 事実認定の審理と量刑手続との二分論

日本の場合、有罪か無罪かと、有罪であった場合の量刑も、同時に審理される。そのため、量刑のための証拠から、犯人であり、有罪だろうとの心証を得てしまう危険がある。事実認定の純粋性が確保されない危険がある。

他方で、無罪を主張している弁護側は、仮に有罪となった場合には主張・立証したい被告人に有利な事情、反省や更生への道筋等をためらってしまいがちである。そこで、有罪かどうかを先に審理して、有罪と判断された後に、有罪の場合の情状立証をはじめて行うという手続2分論が出てくるのである。

## 6 裁判員裁判の対象事件

現在は、一定の重大な刑事事件についてだけ裁判員裁判の対象とされ、被告人に選択権を認めていない。

現状の対象事件はそのままとして、否認事件で、かつ被告人（弁護人）が裁判員裁判を選択するケースを追加する提案や、否認事件については全ての事件につき被告人に選択的に認める案もあり、逆に、現在の対象から除外の議論もある。性犯罪事件、覚醒剤密輸事件、通貨偽造事件、少年逆送事件の少年事件等である。

## 7　裁判員裁判と上訴審の関係――裁判員裁判での無罪判決が高裁で逆転有罪とされる問題――

　最高裁は、既に紹介したチョコレート缶事件では、1審の裁判員裁判が無罪とした判決に検察官が控訴し、東京高裁が逆転有罪判決とした件について、上告審で、高裁判決を破棄し、1審の裁判員裁判判決を維持した。「第1審において、直接主義、口頭主義が採られ、争点に関する証人を直接調べ、その際の証言態度等も踏まえて供述の信用性が判断され、それらを総合して事実認定が行われることが予定されていることに鑑みると、控訴審における事実誤認の審査は第1審が行った証拠の信用性評価や証拠の総合判断が論理則、経験則等に照らして不合理であることをいうものと解するのが相当であり、第1審判決の事実認定が論理則、経験則違反であることを具体的に示すことが必要というべきであり、このことは、裁判員制度導入を契機として、第1審において直接主義・口頭主義が徹底された状況においては、より強く妥当する」との判決を最高裁は言い渡した。

　ところがその後も、覚醒剤密輸入事件について、覚醒剤であることを知っていたことについて証拠不十分で無罪とする裁判員裁判が続いたことに対して、論理則、経験則違反があるとの理由で破棄有罪としたり差戻したりする事案が相次いだ。

　最高裁でも、高裁の逆転有罪判決を、論理則・経験則違反であることを具体的に示しているとして認容する判決が続いて出される状況となり、議論は混迷している。この点では、もはや高裁での逆転有罪を判決レベルでは防げない懸念があり、立法的解決が望まれる。

## 第2節　こころの負担ケアと評議の秘密の弊害の運用面の改善

### はじめに

　裁判員制度の課題のうち、評議が守秘義務によってブラックボックスになっていることの弊害についてはすでに紹介してある。
　ところで立法的解決にはまだ時間や議論が必要なところ、運用面でなんとか少しでも弊害を軽減できないかが次のテーマである。

### 1　裁判員経験者ネットワークの設立

　裁判員経験者ネットワークは2010年8月3日に司法記者クラブで設立記者会見をしてスタートした。目的は交流会等で参集して裁判員経験者の体験の共有化と、仲間と感想でも良いので語り合ってもらって裁判員経験者の心理的負担を緩和することの2つが中心であった。そのためホームページを開設して登録した裁判員経験者に連絡して交流会を開催することから活動開始となった。
　設立時の主要メンバーは裁判員経験者有志ともと最高裁判事弁護士濱田邦夫、裁判員裁判の市民モニターの裁判員ネット弁護士大城聡、日弁連裁判員本部弁護士牧野茂、NPO法人日カウンセリング研究会濱田華子等であった。メディアも関心をもって準備会から取材し、参加する裁判員経験者の紹介等にも協力があった。
＊裁判員経験者ネットワークのホームページは開設時から今日まで（2016年6月23日現在）交流会へ参加するための登録方法や活動報告が逐次改定されて掲載されている。
　以下適宜ホームページの掲載部分を引用するが、その場合表紙のNewsニュース欄については「表紙ニュース」と表記し、「NEWS 最新の情報をお届けします」のウィンドウをクリックして閲覧できるサイトの記事を「最新情報」と区別して表記することとする。

## 2　裁判員経験者ネットワークの活動状況

### (1)　第1回交流会

2010年9月20日に裁判員経験者ネットワークの第一回交流会を開催。7名の裁判員経験者が集まり、また弁護士、協力研究者も集合しメディアも取材に参加した。参集した裁判員経験者によると、交流して戦友にあったように嬉しかったこと、被告人のその後の運命を考え続けていたが、自分だけでなくほっとしたこと等が語られ質疑応答もなされた（ホームページ最新情報2010/9/21）。

### (2)　その後の交流会活動

その後、2016年10月末までに二ヶ月に1回のペースで30回の交流会を重ねている（ホームページ表紙ニュース）。

・裁判員経験者ネットワークの交流会の特徴と経験者から評価されている点
　内輪の非公開の裁判員経験者の交流会であることと、守秘義務の範囲や刑事手続きに詳しい弁護士や臨床心理士も立ち会っていて経験者の法的な疑問点や心理面のアドバイスも受けられグループワークで癒されること

・交流会の前半では緊張していたのが後半ではすっかり打ち解けてリラックスできるケースが多いこと、2回目以降の参加になると最初からリラックスして笑いながら話題に入るようになって交流会が心理的リラックスに継続的効果があることが実感

・使命感を持って経験や課題を市民に伝えたい経験者も現れたこと

### (3)　最高裁への緊急提言

裁判員経験者ネットワーク有志は死刑求刑事件が連続した際に2010年12月9日に最高裁判所長官あてに「裁判員の心理的負担についての裁判所の対応策への緊急提言」を提出しメディアでも報道された（ホームページ最新情報2010/12/14、2010/12/10、2011/1/21）。

### (4)　市民集会開催

・2011年の裁判員経験者ネットワーク主催の市民集会開催——経験者の体験の市民への発信と制度の課題に関する議論の場の設定——

・シンポジウム「市民の中の裁判員制度——裁判員経験者と語る」概要報告

・ホームページ最新情報　2011/9/14 シンポジウム概要報告PDF

(5) **裁判員経験者ネットワークの組織化、会則等の制定**

2012年6月1日に会規を制定した　世話人も7人選任し、代表世話人として、大城聡、濱田邦夫、牧野茂が3人就任した（ホームページ活動報告のウィンドウの末尾）Ⅰ。

(6) **「刑務所の今」　シンポジウムの開催――ACOと共催――**

判決後の処遇を考慮して判決する裁判員のためにも刑務所の処遇、保護観察制度の実態について刑務所見学も含めシンポジウムを開催した（ホームページ表紙ニュース2012/7/14、2012/10/8）。

(7) **裁判員裁判とカウンセリング**

援助職の裁判員裁判への役割に関するシンポジウムを開催した（ホームページ表紙ニュース2013/9/17「裁判員裁判とカウンセリング――援助職に期待される役割　同年11月24日開催」）。

## 3　財団法人明治安田こころの健康財団からの研究助成金と論文提出

(1) **助成金研究の対象に選出**

2014年4月に研究テーマ「裁判員裁判における裁判員の家族にも話せない苦痛の実態と軽減策」で裁判員経験者ネットワークとして明治安田こころの健康財団から研究助成金を得ることができ裁判員の心理的負担の実情とそれを踏まえた解決策を提言すべく基礎調査を開始した（ホームページ表紙ニュース2014/11/7）。

(2) **助成金研究の調査、研究の開始**

① **質問項目作成と経験者からの回答集めの報道協力依頼や同種経験者交流組織への協力依頼活動**

質問項目は交流会での経験者の声やメディアでの報道も参考にしながら別紙資料の14問のこころの負担に集中した質問項目とした。

特にこころの負担の有無と理由については複数回答ありで多数の回答例を挙げその強さの程度も回答できるように工夫した。また負担を感じた時期も審理前、審理中、審理直後、審理後経過してからと時期についても回答してもらうようにした。

3 財団法人明治安田こころの健康財団からの研究助成金と論文提出

　更に心の負担軽減策についても複数回答ありで多数の回答を可能にした。また自由記載欄も設定して可能な限りの調査回答が出来るように工夫した。

　2014年12月に司法記者クラブで、明治安田こころの健康財団の助成研究のための調査として、裁判員の心理的負担に集中した質問項目で全国の裁判員経験者にアンケート調査を実施することにしたので、全国の経験者の回答者の母数を増やすための報道依頼を行った。

　全国紙や地方紙やテレビでも報道され、中間集計報道もなされ、関心を呼び、また裁判員経験者ネットワークの登録者や同種の裁判員経験者の交流組織の協力や協力研究者の紹介等で2015年3月までの間に何とか42名の青森から福岡までの全国各地の経験者からのアンケート回答が得られた。

② 質問用紙の回答書42通の結果集計

　質問項目の内とくに心の負担を直接聞いた問12と軽減策の回答の問14を中心に結果を集約し分析する作業は回答書を集める担当の筆者が行った。

　心の負担の理由や軽減策について集計してみると限られた母数とはいえ明確な傾向が見て取れまた軽減策の傾向とも一定の関連が分析できた。この傾向はのちのシンポでパワポのグラフ付きで解説できた。

　更に質問用紙に基づくアンケート回答を得て、3月から4月初旬にかけてネットワークの調査担当弁護士と臨床心理、協力研究者で手分けして東京で2回、大阪で1回、青森で1回面談調査を行った。

第 2 章　裁判員制度の課題　第 2 節　こころの負担ケアと評議の秘密の弊害の運用面の改善

## 裁判員経験者の皆様へのアンケート

＜アンケートにご回答いただくにあたって＞
質問に「〇は 1 つ」とある場合は、あてはまる選択肢の記号（番号）に 1 つ〇を。「あてはまる記号（番号）全て」とある場合は、あてはまるもの全てに〇をつけてください。矢印やカッコなどで指定がある場合は、その指定に沿ってお進みください。

A. **あなたが関与した裁判員裁判についてうかがいます。**

問 1　あなたが裁判員を務めたのは、いつですか。（〇は 1 つ）
　　a. 2009 年　　b. 2010 年　　c. 2011 年　　d. 2012 年　　e. 2013 年　　f. 2014 年

問 2　あなたが関与した裁判員裁判で、被告人の起訴された主な罪名は何でしたか。（罪名を記入）

問 3　あなたは裁判員として、何日間勤めましたか。（〇は 1 つ）
　　a. 2 日　　b. 3 日　　c. 4 日　　d. 5 日　　e. 6 日以上（　　日）

問 4　あなたは裁判員でしたか。それとも補充裁判員でしたか。（〇は 1 つ）
　　a. 裁判員　　b. 補充裁判員

問 5　被告人は、起訴された犯行事実を認めている事件でしたか。それとも争っている事件でしたか。（〇は 1 つ）
　　a. 全て認める（争わない）　　b. 一部を認める　　c. 全て争う

問 6　判決は、有罪か無罪どちらでしたか。（〇は 1 つ）
　　a. 有罪　　b. 無罪

問 7　判決において量刑はどのようなものでしたか。該当するものに〇をつけ、（　）には数を記入してください。
　　a. 懲役：（　）年（　）月　→　執行猶予 { 有（　）年→ 保護観察 { 有
　　b. 禁錮：（　）年（　）月　　　　　　　　 無 　　　　　　　　　 無
　　c. 無期懲役
　　d. 死刑

B. **あなたが関与した裁判員裁判における、家族・親族の関わりについてうかがいます。**

問 8-1　事件の被害者と被告人の間に、家族関係または親族関係がありましたか。（〇は 1 つ）
　　a. 家族・親族関係があった　　b. いずれも無かった　　c. 「被害者」は存在しなかった
　　　　　　　　　　　　　　　　　　　　　　　　　　　　　（例：覚せい剤密輸事件など）

問 8-2　上記 8-1 において「a」と答えた方にお聞きします。
「被告人」から見ての、「被害者」の続柄は何でしたか。（あてはまる記号全てに〇を）
　　a. 親　　b. 子　　c. 配偶者　　d. 兄弟姉妹
　　e. その他（　　　　　　）

問 8-3　上記 8-1 において「a」と答えた方にお聞きします。
家族・親族関係は、事件についてのあなたの判断に、影響がありましたか。（〇は 1 つ）
　　a. あった　　b. どちらとも言えない　　c. なかった

　　そのように考える理由をお書き下さい。

問 8-4　上記 8-3 において「a」と答えた方にお聞きします。
それは、被告人に対しどのような影響でしたか。（〇は 1 つ）
　　a. 有利な（より厳しくない）影響　　b. 不利な（より厳しい）影響

> その影響はどのようなものですか。影響の内容についてお書き下さい

問 9　もし、被告人や被害者が「あなたの家族・親族だったら」と思ったことはありますか。(○は1つ)
　　　a. あった　　b. どちらとも言えない　　c. なかった

問 10　裁判員としての経験や感想などを、家族に伝え、話しあう機会はありましたか。(○は1つ)
　　　a. あった　　b. なかった

問 11-1　裁判員を務めたことで、あなたの家族への接し方に、何か変化はありましたか。(○は1つ)
　　　a. あった　　b. どちらとも言えない　　c. なかった

問 11-2　上記 11-1 において「a」と答えた方にお聞きします。

> その変化はどのようなものですか。変化の内容についてお書き下さい。

## C. こころの負担に関する質問です。

問 12-1　あなたが今回の裁判の裁判員を務めるにあたり、こころの負担を感じましたか。
　　　a. はい　　b. いいえ

問 12-2　上記で「a」と答えた場合、その「こころの負担」はどのようなものですか。
　　　どのような場面や理由で、どの程度の負担がありましたか。あてはまる記号全てに○をつけてください。

① 人の運命を決めてしまうことへのこころの重さ
　　　a. 強く感じた　　b. やや感じた　　c. あまり感じなかった　　d. まったく感じなかった

② 残酷な証拠写真、証拠物ないし証言を見聞したことによるこころの重さ
　　　a. 強く感じた　　b. やや感じた　　c. あまり感じなかった　　d. まったく感じなかった

③ 事件の審理により自分が犯罪を「追体験」することによる、「恐怖感」などのこころの重さ
　　　a. 強く感じた　　b. やや感じた　　c. あまり感じなかった　　d. まったく感じなかった

④ こころの重さに伴う身体の不調(吐き気、頭痛、不眠など)
　　　a. 強く感じた　　b. やや感じた　　c. あまり感じなかった　　d. まったく感じなかった

⑤ 評議で自分の意見を言わなければならないことや、自分の意見と他の意見との調整による苦痛
　　　a. 強く感じた　　b. やや感じた　　c. あまり感じなかった　　d. まったく感じなかった

⑥ 裁判所という日常から離された場所で長時間の勤務をすることへの不安
　　　a. 強く感じた　　b. やや感じた　　c. あまり感じなかった　　d. まったく感じなかった

⑦ 日常の仕事・家事ができなくなり、または経済的損失を被ることへの不満やあせり
　　　a. 強く感じた　　b. やや感じた　　c. あまり感じなかった　　d. まったく感じなかった

⑧ 被告人やその関係者に顔を知られ、後で何かされるのではないかと不安になった
　　　a. 強く感じた　　b. やや感じた　　c. あまり感じなかった　　d. まったく感じなかった

2

第2章 裁判員制度の課題　第2節　こころの負担ケアと評議の秘密の弊害の運用面の改善

⑨　公判または評議で理解が難しいことがあり、あせりや無力感
　　a. 強く感じた　　b. やや感じた　　c. あまり感じなかった　　d. まったく感じなかった
⑩　裁判員候補者及び裁判員であることを公にできなかったことが苦痛
　　a. 強く感じた　　b. やや感じた　　c. あまり感じなかった　　d. まったく感じなかった
⑪　「守秘義務」の範囲がはっきり理解できず、どこまで自分の経験を家族を含む他人に話してよいのかという戸惑い
　　a. 強く感じた　　b. やや感じた　　c. あまり感じなかった　　d. まったく感じなかった
⑫　その他
　　　上記の項目にはないことや、こころの負担について感じていることがあれば、ご自由にお書き下さい。
　　　※書ける範囲で結構です。

問12-3　上記12-2の①〜⑫のようなこころの負担を感じたのはどの時期ですか。あてはまる番号全てに〇をつけてください。

| 時期 | 感じたこころの負担（あてはまる番号全てに〇印をつけて下さい） |
|---|---|
| 審理前 | ① ② ③ ④ ⑤ ⑥ ⑦ ⑧ ⑨ ⑩ ⑪ ⑫ |
| 審理中 | ① ② ③ ④ ⑤ ⑥ ⑦ ⑧ ⑨ ⑩ ⑪ ⑫ |
| 審理直後 | ① ② ③ ④ ⑤ ⑥ ⑦ ⑧ ⑨ ⑩ ⑪ ⑫ |
| しばらくたって（　　月後） | ① ② ③ ④ ⑤ ⑥ ⑦ ⑧ ⑨ ⑩ ⑪ ⑫ |

問13-1　裁判所が提供している「メンタルサポート窓口」を利用されたことはありますか。（〇は1つ）
　　　a. ある　　b. ない

問13-2　上記13-1において「a」と答えた方にお聞きします。
　　　「メンタルサポート窓口」の利用はどのような形態でしたか。
　　　a. 面談　　b. 電話による相談　　c. 電子メールによる相談

問13-3　上記13-1において「a」と答えた方にお聞きします。
　　　「メンタルサポート窓口」の利用はどのような理由からですか。※書ける範囲で結構です。

問14　裁判員のこころの負担を軽減するためには、どのようにすれば良いと考えますか。
　　　あてはまる記号全てに〇をつけてください。
　　a. 裁判員の職務について、事前に市民や企業の理解が深められるような教育・広報を増やす
　　b. 裁判員の経験が社会に共有され、市民や企業の理解が深められるような機会を増やす
　　c. 裁判員候補者に、裁判員の職務について、より具体的かつ丁寧に説明し、不安をできるだけ解消する
　　d. 裁判員の時間的・経済的負担を軽減するための休暇制度を確立するなど、社会的に制度を整える
　　e. 裁判員が審議中に不安や動揺を感じたとき、すぐに相談できるようカウンセラーを裁判所内に待機させる
　　f. 他の裁判員経験者と経験や悩みを話し合い、交流する場を設ける
　　g. 同じ事件を担当した裁判員たちが、事後に自由に（守秘義務違反の恐れなしに）交流できる場を設ける

### 3 財団法人明治安田こころの健康財団からの研究助成金と論文提出

    h. 守秘義務の範囲をさらに明確にする
    i. 評議に関する守秘義務を緩和する
    j. 最高裁判所が提供している「メンタルサポート窓口」を利用しやすく改善する
    k. 上記以外にも、裁判所及び裁判所以外（専門機関など）も心のケアの体制が整えられ、裁判員終了後も継続的にケアを受けられるようにする
    l. その他

D. **裁判員当時のあなたご自身についてうかがいます。**
（以下の質問は裁判員を務めた当時のことについてうかがいます。）

問15 あなたの性別は。
    a. 男性    b. 女性

問16 あなたの年齢は。
    a. 20代    b. 30代    c. 40代    d. 50代    e. 60代    f. 70代    g. 80代以上

問17 あなたのご職業は。
    a. お勤め    b. 自営・自由業    c. パート・アルバイト    d. 専業主婦・主夫    e. 学生    f. 無職    g. その他（　　　　）

問18 お住まいの都道府県は。

問19 このアンケートや裁判員制度一般についてご意見がありますか。もしありましたら、ご記入ください。

アンケートにお答えいただき、まことにありがとうございました。
今後本調査につきご意見を伺うなどのご協力をいただける方、または各地の裁判員経験者交流会に参加を希望される方は、恐れ入りますが、お名前、ご住所、電話番号・メールアドレスなどご連絡先をお書き下さい。

| ご氏名 | ふりがな | 記念バッジ裏面の番号（わかる場合のみで可） |
|---|---|---|
| ご住所　（〒　　－　　） | | |
| お電話番号（携帯可） | メールアドレス | |

## ③　アンケート調査と面談調査を踏まえての公開シンポジウム開催

　アンケートの質問用紙の回答の集計を筆者が行いこれに面談調査の結果も加味して調査チームでこころの負担の理由や時期、軽減策との暫定的な発表をするとともに経験者や研究者、臨床心理士をパネリストにして公開シンポジウムを開催し調査、研究を深化させることとした。

　2015年4月19日に2部構成で公開シンポジウムを青山学院大学で開催した。

　一部では調査発表で、概要をもと最高裁判事の濱田邦夫、面談調査補充を臨床心理士の西村寛子、軽減策補充を弁護士牧野茂が担当発表した。

　ここで牧野がアンケート回答の集計の分析をグラフにして、こころの負担の原因と軽減策の傾向を発表した説明レジュメを引用してパワーポイントも添付しておきたい。


　　　　〈牧野担当部分（軽減策調査補充説明）レジュメ　4・17改訂版〉
　1　みなさん、こんにちは。アンケート等調査報告の3番バッターの弁護士の牧野と言います。濱田先生や2部の司会の大城先生とともに裁判員経験者ネットワークの共同代表世話人の一人です。

　私の担当はアンケートのこころの負担の軽減策についての追加報告です。

　パワーポイントに沿って説明します。お手元にもパワポのコピー資料がありますのでメモの書き込み等も自由になさってください。

　2　最初のパワーポイント1をご覧下さい。

　これはアンケートでこころの負担を軽減するにはどうすればよいかについて11個の回答項目をあげて複数でも○をつけて良いということでの集計を棒グラフにしたものです。

　42通の回答書のなかで半数近くの20個近く以上○をつけた項目が7項目もあることがわかります。

　a、b、cは裁判員制度への社会の理解が深まることや裁判員自身の役割の理解が軽減に効果的と指摘しているものでしょう。

　f、gは裁判員の交流がこころの負担の軽減に役立つとするものでしょう。

hは守秘義務の範囲が不明確なのでもっと明確なら本当ははなせたのに何もはなせなかった苦痛があるので明確になればもっと軽減されるだろうということでしょう。

面談でもその話はでていました。iの守秘義務緩和は数字は16個ですがhと趣旨は似ていて話せない苦痛の軽減ということでは共通していると理解できるかも知れません。

3　パワーポイント2は先に述べたa b cに着目して裁判員制度を周知することで心の負担を軽くする効果を図でまとめてみたものです。

4　パワーポイント3は裁判員の情報がない不安を裁判員経験者の実際の声から拾ったものでa b cの周知の効果を裁判員の側から見たものです。

5　パワーポイント4は先ほどの裁判員経験者

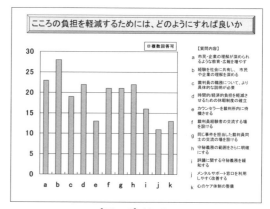

パワーポイント1

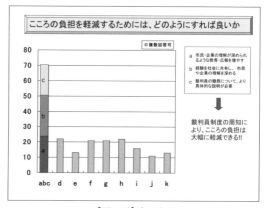

パワーポイント2

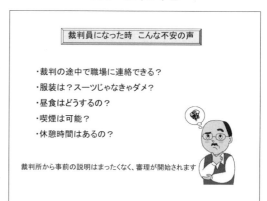

パワーポイント3

第2章 裁判員制度の課題　第2節　こころの負担ケアと評議の秘密の弊害の運用面の改善

の交流がこころの負担の軽減に役立つとの回答を図表にしたものです。ｇの同じ事件の経験者交流もｆの経験者一般の交流もそれぞれ回答者の半数が効果があるとしています。

ちなみに裁判員経験者ネットワークは経験者一般の交流の機会を提供し続けています。

6　パワーポイント5をご覧下さい。こころの負担について、時期について審理前、審理中、審理直後、審理後のそれぞれに○つけた数字を集計してそれぞれの時期に約20個の○、審理後だけやや少ないことは既に発表しています。

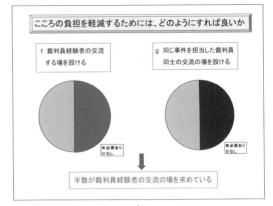

パワーポイント4

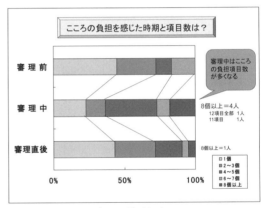

パワーポイント5

パワーポイント⑤では、その各時期に心理的負担の理由の項目が多数あるのか少ないのかを集計しました。

これによるとかなり特徴的に項目数が偏っていることが解ります。

特に審理中に多数の心理的負担項目が集中していることが解ります。12項目全て○との方もいます。

またこれを参考にすればパワポ1の棒グラフの軽減策ｅのカウンセラーを裁判所内に待機させる軽減案も解決案の一つとしての必要性も裏付けられているといえるでしょう。

7　パワーポイント6をご覧下さい。

パワポ6でとりあげた3つの項目は審理前、審理中、審理直後を通じて一定程度心の負担を感じた項目となっています。どう評価するかは2部での議論を期待しましょう。

パワーポイント6

8　パワーポイント7をご覧下さい。

審理後に負担が残ったり審理後しばらく経って心の負担が残る14例についてパワーポイント7でこころの負担理由①と⑩⑪の項目が入っている割合は比較的高いことが数字でわかります。「人の運命決める重さ」と「裁

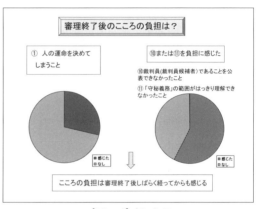

パワーポイント7

判員候補者や裁判員であることを話せなかったり広く守秘義務の範囲が不明確であるため人に話せないこと」により審理終了後も心の負担が残りやすいことが解り、このことは守秘義務の範囲を明確にして話して良いことは十分話せるようにすれば審理後長く残ることの予防になり得る可能性があることを示すのでしょうか　また、他方で人の運命を決めた重さは長期的に残り続ける傾向がある点も注意が必要かも知れません。もっとも破棄差し戻しや被告人の上訴等で心境の変化があった例もあって分析は慎重にされる必要はありそうですね。

第2章 裁判員制度の課題 第2節 こころの負担ケアと評議の秘密の弊害の運用面の改善

9 パワーポイント8をご覧下さい。

ここのろ負担の理由の項目ですが「a 強く感じた」と「b やや強く感じた」では意味がことなるのでこの比率も加味して棒グラフにしてみました。

①の人の運命を決めて

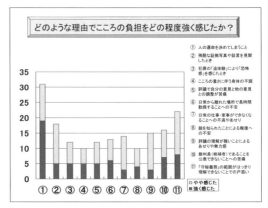

パワーポイント8

しまうことが数字合計も大きくまたa強く感じた割合も半数を超えて一番多いことも解るでしょう。また次に多いのは⑪の守秘義務の範囲がはっきり理解できないことでの戸惑いで、aの強く感じた数も全体で2番目です。次に②の残酷な証拠を見聞きしたことと続きますが、残酷な証拠の無い裁判もあるでしょうから残酷な証拠の裁判だけで集計したらもっと多くなるかも知れませんね。また⑩の裁判員（候補者）であることを公表できないことへの苦痛も数字全体もa強く感じた数字も高いことが解るでしょう。

ただアンケート数が42通ですから①から⑪まで複数回答とはいえ10人以上が心の負担を感じた理由にしていることはどの要素も軽視できないともいえるでしょう。

10 誤解ないように　市民参加の裁判員制度のプラス面について。

市民参加の裁判員制度は見て聞いてわかる公判中心となり、また被告人の処遇や更生を考える判決の増加などそれなりに評価され、裁判員の9割は充実感があったとする集計も報じられています。他方で多くの裁判員は心理的負担も感じているようです。

この制度はまじめに裁判員が審理や評議に臨むことが支えています。

そのため生じる心の負担軽減は裁判員の保護だけでなく、裁判員制度の功績を維持するためにも必要なので、軽減策が重要として今回の調査実施していることを最後に述べて私の報告は終わりです。　　　　　　　　　以　上

## 3 財団法人明治安田こころの健康財団からの研究助成金と論文提出

　２部ではアンケートにも面談調査にも協力いただいた２名の裁判員経験者と裁判員制度の制度設計から関与された國學院大學法科大学院の四宮啓教授、臨床心理士の各パネリストから一部の発表を受けての各パネリストのコメント発表になった。

　経験者２名の発表からいくつか心の負担に関する重要な発言を引用しておく。

　――「被告人の境遇に自分と重ねて共感しつつ被害者の痛みも伝わった」「たった三日間であったが非常に重い三日間だった」「負担はあったが、良い意味での責任感を持ちそれを達成できたという喜びに近い感情になっていた」「参加したい気持ちはあったが子供をおいて参加することに罪悪感・ストレスがあった」「はじめて市民になったという実感、社会に参加したという実感があった」――

　裁判員制度に係わった専門家のコメント

　――「なぜ負担があるのか。それはそれだけ任務が重要だからで、責任の重さの裏返しである。負担でありつつ良い経験であるとの評価が大多数であったのはそれ故でないか」「経験が非日常であることに加えその解消にも〈他人に話して楽になる〉という日常的な方法が使えないとされている点が問題」「ストレスの原因は裁判員の仕事の内容を知らないことに起因するストレスと経験したことが原因のストレスに大きく二つに分類できる。前者は知れば解消できるから、情報を広く伝えることが有効であり、後者は福島の経験からたとえば残酷な証拠を制限するなど運用で対応できる部分がある」「裁判員を孤立させないことも大切で、アメリカのデブリーフィングのようにストレスを感じるのはあなただけでないと精神衛生の専門家を交えたグループで話し合うのも参考になるのではないか」――

　アンケート用紙結果集計分析　グループワーク　このシンポジウムを経て、2015年５月には財団への研究報告の論文抄録をとりまとめ、６月末には論文として調査報告と提言の形で財団に提出し７月25日は研究報告がなされた。

〈経験者ネットワークの提言〉

上記提言は、こころの負担軽減への提言を中核としている。そこで以下、その提言を紹介する。

【こころの負担軽減策の提案】

こころの負担が生ずる原因として、審理前から発生する、裁判員にとっての制度や役割についての情報不足から生ずる緊張、不安や怖れと、審理中または審理後に発生する個別的なこころの負担（裁判員の孤立）とがある。これに対処するためには一般的な情報の提供と個別的な手当の双方が必要となる。

「審理前の手当て」

(1) 刑事裁判および裁判員制度の広報：学童、学生、社会人への制度の仕組みおよび意義（任務・責任の両面性、達成感と人の人生に関わることへの重圧感）の伝達

(2) 裁判員選任後の裁判所による手続きのより分かりやすい説明

(3) 裁判参加を可能にするための企業、雇用主への有給休暇付与の義務付けその他の制度的配慮（環境整備）

「審理中の手当て」

(1) 審理計画中で、不必要な残酷な証拠を提出しないなどの配慮：現在では、法廷で検出される残酷な写真等を必要最小限にする努力が裁判所、検察官および弁護士たちによりなされているが、裁判員のこころの負担への配慮のあまり、事実の認定および量刑判断上差支えが生ずる危険があるとも指摘されている。

(2) 裁判官による裁判員の精神的・肉体的状態への配慮：裁判官の裁判員のこころの負担の実態および臨床心理一般への理解増進が望まれる。

(3) 審理中の裁判員の心理的状況に対処するための評議室外での臨床心理士等専門家の待機：家庭裁判所で少年事件等の経験のある臨床心理士などの心理専門家、およびその退職者等を起用すれば比較的簡単に手配できると思われる。

(4) 裁判員の守秘義務の範囲についての明確な立法ないし統一解釈と裁判官によるその説示：守秘義務は、(ｱ)プライバシーを守る、(ｲ)評議での自由な

意見交換を促がす、および(ウ)評決の正当性を守るといった範囲に限定すべきである。

「審理後の手当て」

(1) 裁判所が提供する裁判員メンタルヘルスサポート窓口の充実：制度施行から平成26年五月までの利用件数が275件と報告されている。その内訳は、電話が239件、Ｅメール12件、面接24件で、利用の内容は、健康相談70件、メンタルヘルス相談205件となっている。健康相談の内訳は、病気の懸念（48.6％）と健康不安（25.7％）が多く、メンタルヘルス相談では、話を聞いてほしい（31.7％）、メンタル症状が出ている（29.0％）、不安についてのアドバイス（18.0％）、問い合わせ（14.5％）などとなっている。医療機関紹介件数はメンタルヘルスで５件のみ、となっている。

この窓口の運営は民間業者に一括委託されている模様だが、詳細は判明しない。この実態を明らかにし、外部専門家などからの建設的意見を聴取すべきである。その上で、裁判所内部で、臨床心理専門家を起用して、経験者が利用しやすくするための制度の設計・運営を工夫すべきである。

(2) 経験者の交流（経験のシェアリング）を増進するため、裁判所が主催ないしサポートする交流組織の創設：裁判員にとって、評議はグループ討論への参加に相当する。よって、グループ体験への支援的アプローチは不可欠である。米国の一部の裁判所で行われているディブリーフィング（Debriefing）は、陪審員だけではなく裁判官も含めて実施されている点で注目すべきものがあり、その現状を精査し、日本の裁判員支援への応用可能性を早急に検討すべきである。

我が国の臨床心理の分野で採用されているグループワークも有効である。当経験者ネットワークでは、制度開始直前から裁判員のこころの負担に対処するため何度も最高裁判所にその採用を提案したがいまだ採用に至っていない。これまで30回にわたり臨床心理士等心理専門家と弁護士の双方立会いの上で、経験者の交流会という形でこのグループワークを行ってきたが、これに参加した経験者の延べ人数は約100名に過ぎない。交流する場所および運営資金の上でも限界がある。このようなグループワーク形式の経験者交流会を公費で裁判所が呼び掛けて行うことが望ましい。現在裁判所は検察審査会

委員OBの交流組織を裁判所構内に設置しているので、同様な組織を経験者たちのためにも用意できるはずである。

(3) <u>裁判所外における経験者交流組織の運営をサポートする措置</u>：上記(2)の裁判所主催の交流会が実現した場合であっても、裁判所外での私的な経験者交流機会を裁判所が少なくともその存在を経験者たちに知らせるといったサポートをすることが望ましい。

(4) <u>裁判所がこれまで審理終了後に行ってきた裁判員へのアンケートの中に、こころの負担の有無についての質問項目の追加</u>：これにより裁判所が直接裁判員のこころの負担につき情報を得て、それに有効に対処する方策を構ずることができると考えられる。

## 第3節　課題への日弁連提言

### 1　3年後見直しに向けた立法提言

　日弁連は附則9条に基づき裁判員制度に関する三年後見直しの立法提言を2012年3月15日に公表した。前述した課題の改善をめざした動きであった。
　**はじめに**
　筆者は日弁連の三年後見直し提言作成に関与していて特に守秘義務規定の改正は守秘義務PTの委員として関与し、裁判員の負担軽減提言は原案作成に関与した。
　そこで以下では提言作成の議論過程も踏まえて説明することとしたい。
　**1　守秘義務規定の改正提言**
　**【改正その1】　～守秘義務規定自体の法改正～**
　守秘義務の重大な弊害と抜本的解決について、以下、守秘義務PTで作成し日弁連提言となった提言にそって説明する。
　⑴　**評議がブラックボックスになっていることの重要な弊害**
　①　**改正の前提として考慮した現行規定の弊害**（しかも厳重な刑罰で規制）
　イ　裁判員経験者への重い心理的負担、家族にも話せない苦痛（特に死刑求刑事件について死刑判決の場合で反対意見があった場合も反対意見があったことも言えないで死刑を言い渡した裁判体の一員として一生すごす苦痛）
　ロ　市民の司法参加の制度なのに、常識が詰まった宝庫の評議の内容、裁判員の経験が市民に共有化されず消えてゆく
　ハ　評議の適正な運営等、裁判員制度の運用改善の充実した点検もできない
　ニ　裁判員経験者等の表現の自由を侵害している
　⑵　**守秘義務規定の立法理由の重要性の再検討と弊害の重大性との対比**
　立法理由については、例えば、池田修＝合田悦三＝安東章『解説　裁判員法——立法の経緯と課題［第3版］』(2016年、弘文堂) によれば3つあげられている (126頁)。

第2章 裁判員制度の課題　第3節　課題への日弁連提言

イ　裁判の信頼性
ロ　評議における自由な意見交換を確保する
ハ　事件関係者のプライバシーや秘密を保護する。

このうち、ハについては異論無くそのまま保護とした。

ロについても評議の議論の自由の保障は重要であることに異論がなくこの点も保護することにした。ただそのためには、発言者を特定さえしなければ議論の自由は保障されるので弊害除去とのバランスで全面禁止でなくその限度の規制の規定に改定することとした。

イについて「意見の多少の数」が判明することが裁判の信頼に反しないかの議論がなされたが、職務中なら裁判の信頼自体を害するが、任務終了後については、秘密にするのと開示するのとどちらが裁判の信頼にプラスか議論の余地があること、最高裁は少数意見を明記できるとされていることもあって、裁判所法75条の評議の守秘義務の立法理由は表現の自由の保障だけとされ裁判の信頼は保護法益とされていないこと（最高裁判所事務総局総務局編『裁判所法逐条解説 下巻』〈1969年、法曹会〉73頁注3）から守秘義務罰則規定緩和の障害にはならないとされた（ちなみに裁判所法75条がおなじく守秘義務規定を置きながら罰則規定が無い点も不合理とされた）。

以上の検討の結果、弊害を上回る守秘義務の立法理由としては関係者のプライバシー保護以外は、議論の自由の保障だけとされた。

【改正案の骨子】

(1)　裁判員または補充裁判員であった者が評議の秘密を漏らしても、発言者が特定しない方法であれば裁判員法108条の罰則規定から除外し、処罰の対象とならないとする（守秘義務規定の重要な機能である議論の自由は保障されるからである）。

　　前記　評議での意見、経過、多少の数も発言者が特定されない方法であれば全て話せる

　　なお議論の過程では「自分の意見としてなら話して良い」との議論もあった。発言者が判明する覚悟なら許されるとの理由で賛成意見も根強くあったが、そうすると次々に自己の意見が語られると発言者を特定されたくない人の意見も判明してしまうおそれがあるとして最終

的には採用されなかった。

(2) 判決批判については、評議と近接した時期では、自分の意見を述べるのに同視できるから禁止し、10年経過後にはもはや評議での自由な意見表明を妨げる恐れはないと考えられるので罰則から除外する。

(3) 裁判員制度の運用に関する充実した調査研究を可能にするため、一定の調査機関（政府、最高裁判所、日本弁護士連合会が設置したもの）の調査に応じる場合には接触禁止（裁判員法102条2項）も守秘義務規定も全て適用除外とする　後述するもうひとつの先に成立している評議改善提言への布石である。

(3) **この守秘義務罰則大幅軽減提言を実施する場合の課題について**

日弁連の提言になっただけでは事態は改善されないので立法化が必要であり、具体的立法へ向けての準備が必要である。

またこの日弁連の守秘義務罰則規定大幅軽減提言案について審議中及び成立後、事前に裁判員経験者ネットワークのよびかけ人の市民団体や市民モニターや裁判員経験者にシンポや懇談会で感想を聞いたところ、賛成意見は多数であったが、

イ　裁判員経験者数名からの意見として、話せるようになることは一面賛成だが、なんとなく発言者が特定してしまう懸念を感じるし、身近な人に話せるのはいいが裁判員経験者と称した無責任な風評があり得るのではとの躊躇の意見もあり、

ロ　市民モニターとの懇談会では、裁判員法70条はそのままで守秘義務違反としながら罰則だけ軽減というのは赤信号だけど渡っていいという規定で市民としては戸惑う人もいるのではないか（日弁連は立法化への抵抗が少ないように裁判所法75条とともに70条は残し同じく罰則さえなくせば安心して話せると考えたが思いがけない意見であった）との疑問が提起された。

裁判員ネットでは2012年5月19日のフォーラムで裁判員法108条でなく70条自体を軽減する案を提言しているが日弁連も参考にする余地はあると思う。シンプルで市民にも解りやすいと思う。

ハ　更に裁判員経験者のなかからの意見として裁判官の守秘義務も同じく軽減したらどうかとの提言もあった。

### (4) 立法化した場合の運用面での注意点

以上を踏まえて以下は私見であるが次の通り日弁連提言を立法化した場合の運用面での注意点を提言してみたい。

イ　記者会見の発言を原則とする（裁判員経験者との保障がある）そのかわり原則として写真もなく匿名にする　発言者特定への懸念を払拭する

ロ　裁判員経験者ネットワークの交流会での発言も原則匿名とする（ここでも裁判員経験者であることを確認して登録してあるので勝手な風評は防げる）

ハ　身近な人への発言は干渉しない

### 【改正その2】～第三者検証機関の設置～

裁判員の守秘義務を解除して評議の内容を検証できる第三者検証機関の設置が必要である。

日弁連提言としては、まず2008年11月19日に「裁判員制度を検討するための検証機関設置を求める提言」を作成、公表し、更に、日弁連は追加提言として、検証機関が裁判員の守秘義務を解除して検証できることとする追加提言を作成公表した（2009年7月17日）。これは守秘義務PTの前身の整備推進部会で議論し原案作成後、裁判制度実施本部で承認された。原案では設置場所、構成員、検証方法も検証内容も具体化していたが日弁連提言になった際、全て具体的内容は削除された提言となった。

2点とも既に日弁連の提言として公表されている。

『二弁フロンティア』2012年5月号に三年後見直しの日弁連の検討状況の特集が掲載され、私のこの点への関わりや後に述べる心理的負担軽減提言も記載されている。

しかし、その後設置の動きもなくまた検証機関の設置場所、構成員、検証方法の具体化の動きもない。

守秘義務解除の第三者検証機関設置の具体化のために日弁連提言の原案での議論経過を参考までに紹介しておきたい。

### (1) 設 置 場 所

法曹三者から距離を置く内閣の下に司法制度審議会の時のように設置したいというのが裁判員本部を通過した部会の提言であった。

今回の日弁連の守秘義務軽減立法案では設置場所が最高裁、政府、日弁連のいずれになっても対応できる条文になっている。

(2) **基本構成員**

法曹三者、有識者、市民（裁判員経験者）

(3) **裁判員からの情報収集の方法**

評議のモニタリングないし録画分析・録音が必要である。

韓国でも後の研究のための評議の録画が立法論として議論され参与法案最初試案には規定され、アリゾナ州での民事陪審での実験でも萎縮効果もそれほどないとの報告もあったが結局最終立法としては採用されなかったとのことである（金尚遵／厳恩珠（訳）「大韓民国型国民の司法参加制度導入とその施行上の主要な争点」法と心理」9巻1号〈2010年〉9頁）。

しかし、模擬裁判の時の経験を思えばもっとも直接的効果的評議の検証であることは間違いないので検証機関によるモニタリング、録画分析・録音等も議論した。

(4) **収集した情報の処理管理と結果の公表**

検証結果で制度改善に役立つ情報は公表するが、個人名、事件名は公表しないこととした。

## 2 裁判員の負担軽減に関する意見書

【意見の趣旨】

(1) **法律の制定──裁判員法102条の2（心理的負担に関する保護措置）**

裁判員法に裁判員等の心理的負担を軽減させるための措置に関する規定の新設（法律改正）をすべきである。

裁判所は、裁判員及び補充裁判員が審理、評議、及び評決を行うことに伴う心理的負担を考慮して、裁判員等の任務終了時に及び終了後において心理的負担軽減のため、別に規則で定める適切な措置を講じなければならない

(2) **規則の制定**

同趣旨のため裁判員規則を新設すべきである

規則に以下の点を裁判員等に説明する旨を規定すべきである

1及び2の項目については、既に実施している裁判所も存在するが、その徹底を諮るために規則化すべきであり、また3の項目については制度を設

け、4及び5の項目については、裁判員に書面を交付して説明するべきである

　1　同じ裁判体の裁判員同士が希望した場合には、互いに連絡先を交換することができること
　2　事後的に希望があれば、裁判所が同じ裁判体の裁判員同士の連絡の斡旋を行うこと
　3　同じ裁判体の裁判員等が希望した場合には臨床心理士の立ち会いの下、グループワークを実施すること
　4　守秘義務の範囲
　5　裁判所が実施するメンタルヘルスサポート体制の説明及び利用促進を促す説明

【意見の理由】
　イ　実　　態
　NHKのアンケート　平成22年5月21日にNHKが裁判員経験者と補充裁判員330人に実施したアンケートでは、回答者215人のうち3分の2にあたる67ーセントの人が「裁判員に参加して心理的負担やストレスを感じた」と回答し、そのうち15パーセントが「今でも（アンケート回答時）心理的な負担を感じている」と回答している。各種報道でも裁判員経験者ネットワークの交流会等での生の裁判員経験者の声によっても裏付けられている。しかも死刑求刑事件でのさらなる極度の心理的負担の点は今後もありうるという状況が存在している。
　ロ　原因　裁判員が真剣に被告人の運命を決定すること
　今後の処遇、社会の一員として復帰させることも考慮して真剣に悩むから発生（残酷な写真見たからという例もある）
　ハ　対策の必要性
　裁判員個人のためにも必要だし、裁判員の真剣な取り組みが裁判員制度を支えている。そこからどうしても心理的負担が発生するのだから軽減対策は裁判員制度を健全に維持して裁判員に安心して全力で事案に取り組んでもらうためにも国家の職責である。

## 3　死刑の量刑判断に関する意見書

【意見の趣旨】

裁判所法77条第1項及び裁判員法67条1項を改正し、死刑の量刑判断について全員一致制を導入すべきである。

【意見の理由】

### イ　死刑という刑罰の特殊性

死刑は、被告人の生命を剥奪する回復不可能な究極の刑罰である。

したがって、生命尊重、誤判防止の観点から、その適用は極めて慎重かつ謙抑的に行われなければならない。

### ロ　死刑事件における誤判の危険性

これまで我が国では免田事件、財田川事件、松山事件、島田事件という4件の死刑事件について、冤罪であったことが明らかとなり、再審無罪が確定している。また、当連合会が支援する再審請求事件のうち死刑事件である名張事件、袴田事件、マルヨ無線事件は、冤罪の可能性が極めて高い。最近でも、いわゆる鹿児島夫婦強盗殺人事件において、2010年12月10日、鹿児島地方裁判所は検察官の死刑求刑に対して無罪を言い渡した（鹿児島地判平成22・12・10裁判所ウェブサイト）。

このように、現実に死刑事件には冤罪があり、また冤罪の可能性が高い事件が存在している。したがって、冤罪防止の観点から、死刑判決について、全員一致制が導入されるべきである

### ハ　死刑の適用基準

死刑の適用基準については、いわゆる永山事件の上告審判決（最（二小）判昭和58・7・8刑集36巻6号609頁〈以下「永山基準」という〉。）が「死刑制度を存置する現行法制の下では、犯行の罪質、動機、態様ことに殺害の手段方法の執拗性、残虐性、結果の重大性ことに殺害された被害者の数、遺族の被害感情、社会的影響、犯人の年齢、前科、犯行後の情状等各般の情状を併せ考察したとき、その罪責が誠に重大であつて、罪刑の均衡の見地からも一般予防の見地からも極刑がやむをえないと認められる場合には、死刑の選択も許されるものといわなければならない。」と判示している（永山基準）。

しかし、この永山基準には、考慮要素を列挙するのみであり、極めて曖昧

であるとの批判がある。また、具体的事例を判断するに際しては、これらの考慮要素のどの要素をどの程度重視するか、判断者の価値等により、死刑の適用基準が変わってくる可能性がある。

死刑の適用基準が恣意的なものであってはならないことは当然であり、死刑の適用基準をより公平かつ客観的なものとするため、死刑判決について全員一致性が導入されるべきである。

### ニ　裁判官、裁判員の負担の軽減

裁判員裁判では、職業裁判官及び一般市民からなる裁判員の評決により、量刑が決定されることとなったが、死刑は被告人の生命を剥奪する刑罰であることからすれば、そもそも多数決によって決定されるべき事柄ではない

いわゆる袴田事件の第一判決を左陪席として担当した熊本典道氏は無罪意見であったにもかかわらず評議において2対1で破れ、死刑判決を書かざるを得なくなったこと、そのことで苦悩し、裁判官を退職して弁護士となり、その後も悩みが消えずに、ついに法曹界から離れざる得なかったことを告白している。

このように多数決制の場合に負うこととなる一生消えることのない苦悩を一般市民にも強いることは酷に過ぎる。

裁判官、裁判員の負担を軽減するためにも、死刑判決について全員一致制が導入されるべきである。

### ホ　国際社会の動向

2010年現在、死刑存置国は58カ国に対して死刑廃止国は139カ国で死刑廃止は国際的な潮流である。

2007年5月、国連拷問禁止委員会は日本政府に対して死刑執行の速やかな停止を求めている。

2008年5月、国連人権理事会は日本政府に死刑に直面する者に対する権利保障を整備するとともに死刑の執行の停止を勧告した。

### 4　公訴事実に争いのある事件における公判を二分する規定の新設

公訴事実について争いのある事件においては、公訴事実を認定するための証拠とすることができない証拠等が公訴事実等の認定に影響を与えることを防止するため、「公訴事実の存否についての審理」と「刑の量定についての

審理」を区分されるべきである。

具体的には

イ　公訴事実の存否の審理においては公訴事実等の存否と関連性があり、その認定に必要性がある証拠のみを取り調べるべきである（前科、悪性格証拠、被害者の意見等は除外される）。

ロ　公訴事実の存否の審理が終結した後、評議を経て、犯罪の証明があったときは、引き続き「刑の量定のための審理」をする必要があるから、中間判決で有罪判決を言い渡すべきである。

### 5　裁判員裁判対象事件の拡大

現行の重大な刑事事件を対象事件にしているのは維持しつつ追加的に以下を拡大すべきである。過度に事件数が増えない考慮もしたうえでの追加である。

つまり裁判員法第2条の2を新設し、「公判前整理手続における争点及び証拠の整理において公訴事実に争いがあると認められ、かつ被告人又は弁護人から請求があった事件について、裁判員裁判対象事件とする。」という法律改正を行うべきである。

### 6　証拠開示規定の拡大

現在は段階的に類型証拠開示、弁護人が予定主張をするとそれに関連した主張関連証拠開示が認められた。

しかし、訴訟準備には不十分であり公費で作成・入手した証拠は本来、被告人側にも全面証拠開示されるべきである。

そこで最初に検察官に対して被告人側に捜査機関が作成または入手した証拠の標目を記載した一覧表を送付させる。

弁護人が一覧表から開示請求したら原則開示する。

検察は開示不相当の判断の場合、裁判所に裁定を申し立てる。

裁判所は開示の必要性を著しく上回る弊害があると認めるときは開示から除外決定ができる。

### 7　被告人側に公判前整理手続に付することの請求権を認める法律改正

裁判員裁判対象事件であれば公判前整理手続に付されて類型証拠開示や主張関連証拠開示を受けて防御準備がはかれる。

これに対して、対象外事件では任意開示にとどまっているが、対象外事件でも証拠開示は重要なので公判前整理手続に付することを請求する権利を法律で認める必要がある。

### 8　少年逆送事件の裁判員裁判に関する意見書

少年法の理念に沿って、少年の成長発達権保障に配慮した審理が貫徹されるよう。

　イ　プライバシー保護の観点から、弁護人の請求により公開を停止する。

　ロ　少年の情操保護の観点から、弁護人の請求により少年の一時退廷を認めることができる。

との法改正をすべきである。

### 9　裁判員に対する説明に関する規定の改正

現在、裁判員法39条1項により裁判員選任手続において裁判長による説明が行われ裁判員規則36条に基づき「証拠裁判主義」「立証責任の所在、及び有罪認定に必要な証明の程度」が説明されている。しかし、記者会見等で語られる裁判員経験者の感想では選任直後の説明では緊張していて内容が記憶に残らないとの指摘もある。

そのため裁判員等には選任から評議終了まで必要に応じて刑事裁判の原則の説明がなされるべきである。

そこで証拠調べが始まる直前、ならびに検察官の論告、弁護人の最終弁論、被告人の最終陳述が終了した時点で、裁判長が刑事裁判の原則等について説明することを制度化すべきである。

そして、その説明が適正に行われることを担保するために、裁判長の説明は公開法廷で行われるように法改正すべきである。

## 2　東京三弁護士会での日弁連提言に関するパネルディスカッション

こんなふうにしたいな裁判員裁判～裁判員制度3年後見直し提言と裁判員経験報告の市民集会概要報告～

(1)　はじめに

東京三弁護士会主催、日弁連共催で、2012年6月2日（土）午後1時から4時まで弁護士会館2階クレオで標記の市民集会が開催された。市民集会で

のやりとりは二弁ホームページに掲載されているので、ここでは概要を報告したい。

なお、市民集会の準備には東京三会裁判員制度協議会WGのメンバーの協力があったことを申し添えたい。

(2) 集会の目的と構成

裁判員法附則9条に基づく施行3年後の見直しにあたり、日弁連から2012年の3月に提言が公表された。今回の市民集会は、これまで実施されてきた裁判員制度の意義、評価、課題について、日弁連の提言とともに広く市民に知ってもらい、ともに考えてもらうことを意図して開催された。

市民集会は2部構成でおこなわれた。

第1部の前半では裁判員経験者2名が体験報告をし、後半では日弁連の提言のうち5点を選んで、提言作成にも関与した筆者から説明した。

第2部では、裁判員経験者2名と、痴漢冤罪事件を題材にした映画「それでもボクはやってない」の監督周防正行氏、元裁判官の青木孝之駿河台大学法科大学院教授、朝日新聞の山本亮介記者、筆者をパネリストとし、二弁の田岡直博弁護士が司会となり、日弁連提言の5点に触れながらパネルディスカッションを行った。

以下では概要を記したい。

(3) 第1部前半の裁判員経験者の体験報告

裁判員経験者2名による体験報告としては、裁判員を体験した経験者ならではの色々な意見が出された。裁判員に選ばれてから審理に加わり判決を出すまでの各過程で現れた体験談や感想・意見について、いくつかかいつまんで取り上げたい。

裁判員に選任される場面では、「理解を得るため職場にも通知してほしい」とか、「刑事裁判の基本ルールを書面で説明をする必要があるのではないか」といった意見が述べられた。

また、法廷での審理の場面では、法廷に入った瞬間についても、壇上に座ることに不思議な感覚で入ったとか、緊張と圧迫を感じた、という感想を抱いたということだった。そして、検察官や弁護人の冒頭陳述について、「検察官の方が工夫され配付資料も効果的で解りやすかったので印象的だった

が、裁判所から、印象に残ったとか説明が上手かということと、事実をきちんと判断することは別の問題であり、印象に引きずられないようにという注意があった」という体験が述べられた。昼食の取り方など一般には報道されていないが興味有る点については、原則的に評議室で裁判所の手配した弁当を食べることが多かったとのことで、やんわりと指示されたり、初日だけ外食を裁判官と一緒にしたりしたことや禁止されてはいなかったので、裁判所の地下の食堂で裁判員だけで食事した場合も周囲の視線が気になってやはり裁判所の弁当に戻った経験が語られた。

そして、評議では、「いろんな角度から考えるように心掛け、意見は十分言えたが、評議の時間が足りないときのための予備日を設けると良いのではないか」といったアイディアも出された。

裁判員経験者に課せられる守秘義務については、裁判所から記憶に残るような説明がなされなかったようで、「どこまで話してよいのかが分からず、なにも話さなければいいと思った」とか、「書面で守秘義務の範囲の明確な説明文を渡した方がいい」といった意見も述べられた。また、破棄・差戻しをされた裁判員経験者からは「次の裁判で、私たちの評議が何らかの形でこれはおかしいとか具体的にやり玉に上ったりしたときに、私が考えていた具体的反論は一切できないで頑張りましたとしか言えないのでそこはきつい」との感想も述べられた。

裁判員を経験してみた全般的な感想としては、「達成感があり当時は心理的負担をそれほど感じなかったが、その後控訴、上告までされていると知って、負担を感じつつある」といった感想が述べられたり、「控訴の日程も希望者には教えてほしい、責任を持って判決を下すことに関わったから当然の希望だ」といった意見も出された。

今回の市民集会で報告いただいた裁判員経験者2名は、「裁判員経験者ネットワーク」に参加し、交流会に参加したり、市民へ情報提供もしている方々だが、これから裁判員になる方に感想などを伝える場があっていいし、そのような場で知り合った仲間との出会いから、お互いに癒されたり、2人は、5人の裁判員経験者による提言作成の一員として、裁判官も記者会見をすべきである、民事、行政事件も裁判員裁判の対象事件にすべきであるなど

(4) 第1部後半の日弁連提言の説明

　第1部後半では、筆者から、これまで裁判員制度の評価を踏まえるとともに、日弁連提言のうち5点を取り上げて説明した。

　まずは、これまで裁判員制度が実施されてきた評価として、見て聴いて解る審理が必要なことから、本来の刑事裁判の口頭主義や直接主義が徹底されるようになり、公判中心重視で密室での供述調書の軽視になった点や、従来の裁判官は多数の判決を言い渡しているので判決までで一件処理としていたのに対して、裁判員は抽選で選ばれたおそらく一生に一度の体験として被告人の運命を決めるという決断に直面した結果、判決言い渡しで終わるのでなく、実刑だと本当に刑務所に入ってしまう、その代わり執行猶予で野放しで再犯された場合にも思いを寄せ、被告人が最後に更正するまでのことを考えて悩んで判決する数が増えたとされ、具体的にも、保護観察付きの執行猶予の事例が増えており（最高裁の2012年5月統計では執行猶予付き判決のうちの保護観察率は従来は30％であったのに55％に増加している）被告人の更生を真剣に考える判決が増加している点、従来は起訴後99.9％の有罪率から事実上有罪推定的運用との批判的評価もあったのに、裁判員裁判になってから刑事裁判の基本原則として無罪推定の原則（検察官に立証責任があり、しかも常識に従って間違い無い程度まで必要）を説示で裁判官が裁判員に説明していることから検察官の立証の不十分さの指摘が裁判員からあると無視できない点もあることから無罪推定の原則に忠実な無罪判決が増加していると、判決文や裁判員経験者の感想等から評価されていて、実際、判決文には有罪と疑うべき事情を多数述べた上でしかし立証不十分とする無罪推定の原則に忠実に従っていると考えられる判決が増加している点（鹿児島地裁強盗殺人事件無罪、東京地裁現住建造物放火等事件一部無罪、千葉地裁覚醒剤密輸事件無罪）については肯定的な評価ができるものの、他方で、問題点としては、集中審理になるなど、被告人の防御権が十分行使できていないのはないかという点を指摘した。

　そして、日弁連提言の中から、裁判員裁判の対象事件の範囲を追加的に拡大すべきである、証拠開示を全面証拠開示に向けてさらに拡げるべきであ

る、死刑判決を下すには全員一致とすべきである、裁判員の心理的負担を軽減するために具体的配慮等を盛り込むべきである、評議がブラックボックス化しないために守秘義務規定を緩和したり、第三者検証機関の設置をすべきである、という5点を説明した。

(5) 第2部パネルディスカッション

第2部のパネルディカションでは、活発な意見のやりとりがなされた。

冒頭で、周防監督は、ある痴漢事件をきっかけに日本の刑事裁判を取材して驚くほど絶望的なことに怒りをもったことを踏まえて、裁判員制度に期待を寄せている、と述べて、周防監督のエールから始まった。裁判員経験者からは、「評議には守秘義務が課せられるものの、裁判員が入ることで、これまでのブラックボックスが開放されたという意味で画期的ではないか」という意見が述べられた。

他方で、山本記者は、裁判員経験者へのアンケート結果を踏まえると、量刑について裁判官と裁判員の考え方に違いがあったと回答した裁判員経験者が2割ほどいることに触れて、量刑判断に戸惑いを感じている裁判員がいることを指摘した。

青木教授は、刑事裁判の改革には裁判員裁判という強力な「てこ」が必要で、人を裁くことに恐れの感覚のある、謙虚な人に当たって欲しいと述べ、周防監督も、自分に人を裁くことができないと思っている人が裁く側に回ることが重要であると述べた。

そして、個別の論点については、色々な意見が出されたが、主なものは以下のとおりである。

裁判員裁判対象事件の範囲について、周防監督は、日弁連が提言している否認事件について被告人が裁判員裁判を選択できるとすべきという意見に対して、軽微な事件も追加することは良いことであり、自分なら裁判員裁判を選ぶと述べていた。

証拠開示については、周防監督は弁護側も全部見られると当然思っていたので違うことを知って驚いたと述べて、弁護側に全面開示すべきという意見には、ほかのパネリストからも反対意見はなかった。裁判員経験者からは、もっと証拠を見たかったという意見もあった。

死刑判決には全員一致という提言については、周防監督から、そうなると裁判員も全員が死刑意見であったことが分かってしまうという問題点が指摘され、各パネリスト間で議論が熱を帯びた。

裁判員の心理的負担について、裁判員経験者のパネリストから、裁判員経験者ネットワークの交流会に参加することで仲間ができ交流を深められることによって、心理的負担の軽減につながったといった体験談が述べられた。

裁判員に課せられる守秘義務違反に罰則が定められていることについて、裁判員経験者からは、裁判官には罰則がないのに、裁判員にだけ罰則があることに対して違和感があるという意見が述べられ、山本記者からは、アンケート結果では3割強の裁判員経験者が守秘義務の基準について曖昧さや迷いを感じていることが伺われると指摘された。

評議がブラックボックスにならないように、第三者検証機関を設置して、そこでは裁判員経験者の守秘義務を解除して、評議を検証することについては、全てのパネリストが賛成していた。筆者からは、評議について、裁判員制度がスタートする前に行われていた模擬裁判と比較すると、評議で現れる「市民の常識」を生かす制度なのだから、評議の情報をオープンにして社会で共有化することが重要なのではないか、という視点にも触れさせていただいた。

(6) おわりに

以上、市民集会の概要を駆け足で報告したが、3時間という限られた時間の市民集会だったものの、貴重な体験談を聞くことができ、とても充実した意見交換がなされた。詳細は二弁のホームページで確認いただきたい。

第２章　裁判員制度の課題　第３節　課題への日弁連提言

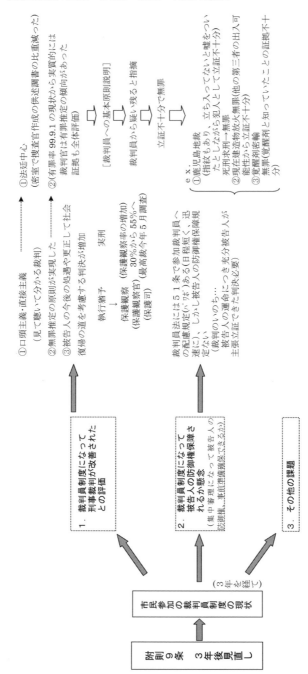

2　東京三弁護士会での日弁連提言に関するパネルディスカッション

(1) 裁判員制度の刑事裁判　→　対象事件拡大の議論　→　**日弁連提言　追加的拡大**

制度改善の評価

現状の罪名の事件は維持　→改善の流れは止めない
事件数増加しすぎると法曹3者の負担が大きすぎる、物理的にも

本当に市民参加の価値のある部分だけ追加する案へ（2つの要件）
①罪を争っている（事実の認定は？）でも素人も同じに能力があるし、素人の常識が活かせる余地が大きい）
②被告人が素人市民の入った裁判を希望している「それでもぼくはやっていない」
e x. 周防監督の「それでもぼくはやっていない」
　　(痴漢冤罪事件)この改正で裁判員裁判で市民6人参加の裁判で判断してもらえる
c f. 対象から個別削除ありの罪名の議論もある
　イ) プライバシー
　1. 性犯罪
　ロ) 厳罪化
　2. 覚醒剤密輸
　イ) 市民の常識活かせるか→密輸
　　　　　　　　　　　　　ロ) 海外の組織の裏付け捜査困難
ただし市民参加は意味あるとの反論あり

→ **その他の課題（今回の提言にはないが、日弁連は検討中）**
①取調べへの全面可視化（密室で捜査官の誘導で作文）
　↓冤罪の原因
②保釈の本来の運用（逃亡、証拠隠滅のおそれないー人質司法
　→現在は自白しないと保釈されないー人質司法
　→事件前に弁護人とうち合わせられる時だけ）

(2) 被告人の防衛権権保障　→　弁護人要請の証拠を事前に全部開示する必要…準備できない

**証拠は検察官は捜査資料独占**

これまで弁護人が事前に見られた証拠
(イ) 検察官法廷提出予定証拠だけ
　↓
(ロ) 裁判員制度に伴い段階的に一定の証拠は弁護人へ

(ハ) 不十分　→　**今回の改正**
　　　　　　　　証拠リスト一覧　→開示
　　　　　　　　その中で弁護人要請　→最初から原則開示

第2章 裁判員制度の課題　第3節 課題への日弁連提言

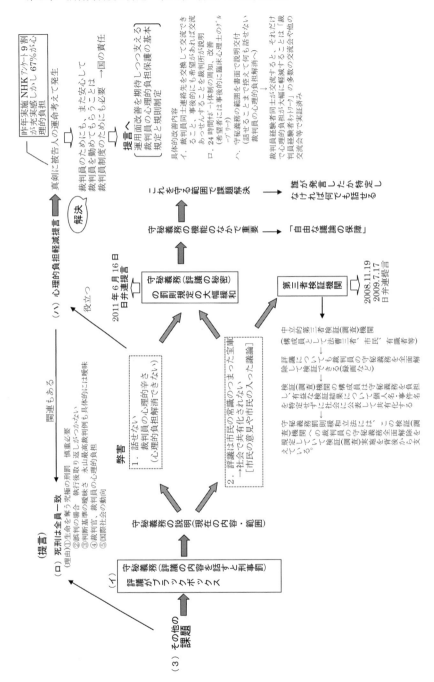

## 第4節　法務省検討会の対応と政府改正案

### 1　裁判員法の改正案

　裁判員法附則第9条では制度施行から3年経過後に行うとされる制度の見直しを検討する旨が定められている。法務省に設置された「裁判員制度に関する検討会」（以下、「検討会」という。）では、2013年6月に取りまとめ報告書（以下、「取りまとめ報告書」という。）を作成した。取りまとめ報告書では、裁判員制度の法制及び運用に関して改善が必要な事項として、①極めて長期間に及ぶ事案を例外として裁判官のみによる裁判として実施できるようにする制度とすること、②甚大な災害等を想定した新しい辞退事由の類型を設けること、③選任手続きにおいて被害者などに対する配慮のための措置をとることをあげた。

　この報告書に沿う方向で、政府は、2014年10月24日、①裁判員裁判の対象から審理が著しく長期間に及ぶ事件を除外できる規定、②東日本大震災のような大規模災害が起きた場合、被災地の住人は裁判員候補にしないことができるという規定、③性犯罪の裁判員選任手続で、裁判官らが裁判員候補者に被害者の住所や氏名を明らかにするのを禁じる規定を盛り込んだ裁判員法改正案を閣議決定した。

### 2　政府改正案には全く日弁連三年後見直し提言は採用されなかった

　前述のとおり日弁連は附則9条の3年後見直しに際して7点の重要な必要な改正法提言をして、法務省にも最高裁にも提示して法務省検討会でも議題として提案していた。しかし法務省検討会ではすべて採用されず前項の3点のみを改正案として提案し政府改正案となって法改正となった。

　しかし、日弁連の提言はどれも3年後には改正する必要性がある重要な提言であって、法務省検討会でも丁寧に実態を捉えて議論して採用されるべきであった。法務省検討会で採用されず、法改正に至らなかったことは裁判員制度の改善にとって3年後改正の機会を生かせない残念な結果であったと言

わざるを得ない。

ふたつだけ法務省検討会で採用されなかった経緯をとりあげておく。他の提言も同じように採用されなかったのである。

(1) **守 秘 義 務**

検討会の報告書では、現行の守秘義務の罰則の対象を見直す意見が出されたものの、見直しには消極的な意見が多数を占めたと述べるに留まった。その結果、裁判員の守秘義務については、制度開始時から課題とされていたにもかかわらず、政府改正案には全く盛り込まれなかった。

とりわけ、検討会で、守秘義務に問題あるとは裁判員からも発言がないとされたことを理由としたのは、結論ありきで問題の本質を看過したものである。守秘義務が裁判員経験者に対してどのような心理的負担を与えているかについて、調査分析した上で議論すべきであった。そのような調査分析を行わずに、裁判員経験者から大きな不満が出ていないことを理由とするのは、問題の本質を捉えていないと言わざるを得ない。裁判員経験者ネットワークの交流会などでは、裁判員経験者から、守秘義務の範囲がわからず、結局、誰にも裁判員の経験を話せなかったなどの声が寄せられている。このような声を全く考慮していないのは、残念であった。また、守秘義務によって裁判員裁判の核心である評議のあり方が検証される機会がないこと、裁判員の経験を共有することが困難になるという、守秘義務の弊害のうち社会的損失についても正面から議論されなかった。

(2) **裁判員の心理的負担**

検討会の報告書では、「7　裁判員等の義務・負担に関わる措置等について」という項目で裁判員及び裁判員経験者の心理的負担について検討した議論が紹介されている。しかし、結論としては、裁判所が「運用上の配慮をきめ細かく行っている実情」があるとして、抽象的には今後も改善の必要を認めた。もっとも、裁判員の心理的負担を軽減するためには運用面だけではなく、制度面でも改善が必要であると考えられるが、具体的な改善策は報告書で示されず、政府改正案にも盛り込まれなかった。

## 第5節　公開模擬評議

　東京３弁護士会が企画提案し東京地裁の現職裁判官が３人と東京地検も協力参加し市民から模擬裁判員役を募集して2013年11月９日の土曜日一日で弁護士会館で法曹に対しては公開の模擬裁判・模擬評議が実施された　好評のため翌年2014年の７月12日、13日に１日半で実施されさらに2015年も７月25日、26日に同じく一日半で実施された。法曹三者からも好評のため、2016年も引き続き７月30日、31日に１日半で実施され、今後も毎年企画される見通しである。

　筆者も企画に当初より深くかかわったが実現したのには弁護技術に役立つならと協力していただけた東京地裁の参加が大きかった。普段は別々に制度に取り組んできた裁判所、検察庁、弁護士会が同じ企画に参加しそのことを契機により良い裁判員制度のありかたを同じ場で共通議論できる雰囲気になったことは相互にプラスに実感できた。大阪等各地も東京に刺激され実施が広がっている。

（まきの・しげる）

# 第3章
# 裁判員制度から引続くべき刑事司法改革

## 小池　振一郎

## 第1節　刑事司法改革への歩み

### 1　日本の刑事司法制度の問題点

　裁判員制度が始まり、裁判員たちは、日本の刑事司法制度全体の問題点にいやがおうでもぶつからざるを得ない。それが産み出すえん罪の構造に直面するかもしれない。

　拷問ともいえる長時間・長期間の取調べで自白が強要され、取調べられる側は、死刑になる恐れがありながらも、自分はやってないのだから、「死刑」という実感がわかない。その場の苦しさを逃れることが最大の関心事となり、一刻も早くこの場を逃れたい、早く釈放されたい、裁判所は分かってくれるだろうと思い、取調官に迎合する。こうして多くのえん罪を生んできたが、それはさらに真犯人を逃すという二重の過ちを犯すことでもある。裁判員にはこの構造を理解してほしい。

　日本における数々のえん罪事件の根本的な原因としては、既に、代用監獄における長期間の勾留（人質司法）、長時間の取調べ、証拠不開示、調書裁判、検察官上訴等の問題点が指摘されてきた。このような前近代的な日本の刑事司法を国際標準の近代刑事司法に転換させることが求められていた。

### 2　司法制度改革審議会最終意見書

　様々な改革課題が山積していたにもかかわらず、2001年6月司法制度改革審議会最終意見書は、裁判員制度を目玉として掲げたが、代用監獄問題をは

じめ、他の主要課題は先送りしてしまった。

　司法制度改革審議会最終意見書を受けて、裁判員制度が実現した（2009年5月施行）。もちろん裁判員制度は、公判段階の大改革であり、調書裁判を打破する大きな役割が期待され、実際に、裁判における公判中心の審理に向かいつつある。第一章記述の通り、期待した大きな成果をあげつつある。

　ところが、司法制度改革審議会最終意見書は、捜査段階には基本的に手が付けられず、大きな課題として残されていた。裁判員制度が捜査段階に一定の影響を与えることも期待され、実際、そのような傾向もみられるが、まだ緒についたばかりである。

　そこで、捜査段階、とりわけ取調べの在り方にメスを入れる大改革が求められていた。

## 3　法制審新時代の刑事司法制度特別部会の設置

　検事の証拠捏造にまで発展した郵便不正事件（2010年9月村木厚子さん無罪判決）を契機に、検察の在り方検討会議が設置され、2011年3月、「『密室』における追及的な取調べと供述調書に過度に依存した捜査・公判を続けることは、もはや、時代の流れと乖離したもの」「現在の捜査・公判実務を根本から改める必要がある」との提言をまとめた。

　これを受けて2011年6月、法制審新時代の刑事司法制度特別部会が設置された。郵便不正事件をはじめとして、足利事件、布川事件、氷見事件、志布志事件、東電OL事件等、多くのえん罪事件が発生している「近年の刑事手続をめぐる諸事情」に鑑み、法務大臣が諮問（92号）したのである。なぜ、えん罪が繰り返し起こるのか、果たして捜査、取調べは適正に行われているのか、といった問題意識から、あるべき新時代の刑事司法制度を具体的に設計することが目的であった。

　国民の声、当事者の声を部会審議に反映させるために、郵便不正事件のえん罪被害者である村木さん、痴漢えん罪の映画「それでもボクはやってない」の周防正行監督ら有識者委員も部会に参加した。

　従って、特別部会の最大のテーマは、捜査段階、とりわけ取調べの在り方にメスを入れ、いかに取調べを規制（適正化）するかが最大のテーマであっ

た（はずである）。

　取調べに依存して膨大な供述調書を積み上げてきた従来のやり方から物的証拠を重視する刑事司法への転換は、国連国際人権（自由権）規約委員会、拷問禁止委員会等から日本政府に繰り返し勧告されてきたところであり、調書裁判からの脱却を志向する裁判員制度から見ても、期待されるところ大であった。日本の刑事司法を改革する絶好のチャンスが訪れたのである。

## 4　法制審答申

　期待された法制審特別部会ではあったが、法務省がその事務局を担う構成の中で、審議は漂流した。

　法制審特別部会最終盤の2014年3月27日、静岡地方裁判所は、袴田事件の再審を開始し、死刑及び拘置の執行を停止した。

　袴田さんは代用監獄に勾留され、1日平均12時間以上の取調べを受け、自白を強要され、勾留満期3日前に虚偽の自白をした。連日、密室で、汗だくになりながら、汗を拭くことも禁じられ、トイレにも行かせてもらえず取調べられたこともあったという。

　拷問禁止条約は、「身体的なものであるか精神的なものであるかを問わず人に重い苦痛を故意に与える行為」を「拷問」と定義するが、この取調べは、精神的にはもちろん、身体的にも拷問以外の何物でもなかった。今市事件では、別件逮捕から本件起訴まで147日間（さらに、本件起訴後1か月半も）代用監獄に勾留され、自白を強要された。

　袴田事件では、弁護団が検察官に対して、手持ち証拠の開示を強く求め、再審請求審段階で、裁判所も勧告し、多数の証拠が開示された。その中には袴田さんの無実を示す極めて重要な証拠が含まれていた。

　この事件には、代用監獄における長時間・長期間の自白強要、証拠隠し、検察官上訴問題、再審法の不備等、日本の刑事司法の根本的欠陥が集約されていた。

　ところが、法制審特別部会には、袴田事件が示したホットな教訓を審議に生かす姿勢が全く見られなかった。

　取調べへの弁護人の立会いは捜査の妨害になるとして先送りされ、取調べ

時間の制限については無視された。

　2014年8月全会一致で法制審答申が出されたが、期待とはほど遠いものであった。この答申を受けて、2016年5月刑事訴訟法等の一部改正法が成立した。

## 第2節　刑事訴訟法等の一部改正法

### 1　取調べの録音・録画

**(1)　録音・録画対象事件の限定**

　身体拘束されている裁判員裁判対象事件と検察官独自捜査事件に限定して、逮捕または勾留中の被疑者の取調べの録音・録画（可視化）を義務づける制度が法定された。

　裁判員裁判対象事件は全起訴事件の2パーセントにすぎず、検察独自捜査事件も年100件程度とごくわずかにとどまり、特別部会設置の契機となった郵便不正事件や痴漢冤罪事件等は録音・録画義務の対象外とされた。

　身体拘束以前の被疑者取調べ（任意取調べ）や参考人の取調べは対象外とされている。

**(2)　部分録画の問題**

　①　可視化対象事件については、警察・検察双方の取調べ全過程の録音・録画義務を原則とするが、その例外規定として、「被疑者が記録を拒んだことその他の被疑者の言動により、記録をしたならば被疑者が十分な供述をすることができないと認めるとき」などは可視化しなくてよいとされた。可視化すれば供述（自白）がとれないときは可視化しなくていいというのでは、可視化するしないについての捜査側の事件ごとの、また取調べごとの裁量を合法的に許し、全過程可視化義務の原則といっても、原則と例外を逆転させる運用になりかねない。

　録音・録画が視聴覚に訴える力は大きい。裁判員も裁判官も、捜査側に都合のいいところだけ部分録画されていると分かっていても、取調べ録画に接すれば、心証形成に圧倒的な影響を受ける。今市事件では、別件逮捕・勾留後、本件（殺人罪）の自白に至るまでの取調べは録音・録画されていない。その後も、警察における取調べは殺人罪で再逮捕されるまで一切録音・録画されていない（警察での取調べでは弁護側によると、「自白しないと死刑。自白すれば20年」と刑が軽くなると利益誘導されたり、「50回以上『私が殺しました』

と言え」と命じられて30回位言ったところで全身が痙攣して倒れ、一旦房に戻された後、残り20回言わされたり、「自白しないと食事させない」と脅されたり、平手打ちされて壁に額をぶつけてケガしたり（取調べ中に負傷したことは争いがないが、捜査官の証言では、被告人が自分で顔を壁にぶつけた傷と説明）したとのことであるが、録音・録画されていないので確かめようがない）。検察における自白状況は詳細に録音・録画された。裁判員たちは、7時間余に編集され法廷で再生された録音・録画を見て有罪の心証をとったと、判決後の記者会見で語った。もっとも検察官の取調べは、厳しい検察官から優しい言葉使いの検察官に途中で交代しており、厳しい検察官が否認を続ける被告人に対して詰問を連続したのに対して、ついに被告人が「もう無理！」と叫んで3階の窓に逃げ出して行った場面の映像も録音・録画されて再生された。裁判所が自白の任意性、信用性に疑いをもって当然であったともいえるのに、裁判官は任意性を肯定している。そして2人目の優しい言葉付きの検察官の取調べでの自白状況の印象から真犯人との心証を取ったことが判決文からも読み取れる。さらに裁判員が記者会見で、「録音・録画していない場面の取調べ場面も知りたかった」と述べているのが注目される。

　改正法の例外規定は、被疑者が当初から自白している都合のいい事件は全過程可視化するが、そうでなければ、可視化しないで脅したり利益誘導して自白を強要してやっと認めたところで取調べを終え、次の取調べを録画して自白調書を作成するという"いいとこ取り"の部分録画となりかねない。

　実際、2015年2月12日最高検依命通知は、調書の「作成の要否及び範囲」まで「具体的必要性が認められる場合において作成すること」と、調書の"いいとこ取り"を奨励しており、録音・録画の"いいとこ取り"に通じる発想である。

　2014年6月16日最高検依命通知は、「取調べの真相解明機能が害される具体的なおそれがある」ときは「録音・録画を行わなくてもよい」と明言する。捜査側にとってメリットのある場合の可視化は実施するが、デメリット（可視化が取調べを妨げる場合）があれば実施しないという部分可視化となれば、真相がより歪曲され、かえってえん罪が生まれやすいという側面がある。

　例外規定を文字通り例外として限定し、取調官の裁量を許さない解釈・運

用が求められる[1]。

② しかも、改正法は、被告人の自白調書が証拠申請されたとき、その任意性が争われれば、検察官はその取調べの録音・録画を証拠申請しなければならず、そうしないと自白調書の証拠申請を却下すると規定する。その録音・録画とは、「当該書面が作成された取調べ……の開始から終了に至るまで」と規定する。その取調べの回のせいぜい数時間に過ぎないのか。もっとも、「前の取調べと調書を取る取調べとの内容の一体性などに鑑みて、結局、調書を取った取調べと同一の機会と言えるかどうかを判断せざるを得ない」（法制審議会・新時代の刑事司法制度特別部会第26回会議議事録〈平成26年4月30日〉18頁〔法務省・保坂和人幹事発言〕）というから、必ずしも同一の回に限るものでもないようである。その回（もしくは、連続する同一の機会の回を含めても）の取調べ以外は、録音・録画されていなくてもペナルティがないというのであれば、事実上、部分録画を容認することになりかねない。

自白調書の任意性立証のために録音・録画を証拠申請するときは、その自白調書を作成した回の取調べだけでなく、自白に至るまでのすべての取調べの録音・録画全部の開示義務を要請し、開示されなければ、当該供述証拠を採用できないとすべきである。

(3) **ビデオ録画の実質証拠化の問題**

前記規定は、自白調書の任意性立証のためという法構造ではあるが、信用性も事実上判断されるだろう。裁判官も裁判員も、任意性と信用性を区別して判断するのは不可能だからだ。それどころか、録音・録画が自白調書の補助証拠としてだけではなく、犯罪事実の有無や情状の心証を取る実質証拠としても事実上機能するであろうことは、今市事件の判決後記者会見で裁判員たちが語っているところである。

2014年6月16日最高検依命通知は、「取調べの任意性や信用性等の立証」のために、可視化拡大の試行を打ち出し、法制審全会一致採択の呼び水となった。可視化拡大の理由として、「任意性」だけでなく、「信用性等の立証」も含めていることに注目されたい。

---

（1） 小池振一郎「取調べの録音録画──法律化の要因と問題・今後の展望」法と民主主義2016年7月号。

さらに、2015年2月12日最高検依命通知は、録音・録画の「実質証拠」としての使用まで指示した。
　改正法の規定により、自白調書の任意性が争われれば、その取調べ録画の証拠申請が義務化され、例外規定に当たらない限り、必ず取調べ録画が証拠申請される。こうしてビデオ録画が次々と証拠採用されれば、それは事実上、「信用性」を含む実質的証拠として機能するであろう。
　韓国などのように取調べの録画と弁護人の立会権がセットで実現しているのと異なり、弁護人のいない密室取調べのビデオ録画で裁判の心証が事実上とられることになりかねない。
　これは取調べ依存への逆戻りである。公判中心主義の破壊であり、裁判所を否定することになりかねない[2]。
　2016年8月10日東京高裁判決は、ビデオ録画の実質証拠としての使用を、「直接主義の原則から大きく逸脱」すると厳しく批判している[3]。
　ビデオ録画の取調べ請求とその証拠採用は区別して論じるべきである。取調べ請求の義務づけがあるからといって、裁判所は必ず証拠採用しなければならないわけではない。法廷での上映には被告人の同意は不可欠であり、ビデオ録画の証拠採用は、被告人側から求める以外は、「必要性がない」として反対すべきであろう[4]。

## 2　証　拠　開　示

　弁護側への証拠開示は、真相解明に不可欠である。裁判員が間違った裁判に加担しないためには、全面証拠開示が求められる。
　ところが、改正法は、検察官（警察ではない）が保管する証拠の標目などを記載した一覧表を交付するのみである。一覧表の記載事項は、供述録取書などの文書の標目、作成年月日、供述者の氏名とされ、文書の要旨は記載さ

---

(2)　小池振一郎「今市事件判決を受けて――部分可視化法案の問題点」法と民主主義2016年4月号。
(3)　東京高判平成28・8・10判タ1429号132頁。
(4)　小池振一郎「可視化は弁護をどう変えるか」村井敏邦他編『可視化・盗聴・司法取引を問う』（2017年、日本評論社）75頁。白取祐司『刑事訴訟法［第9版］』（2017年、日本評論社）198頁、428頁。

れない。これでは内容の識別ができない。

　しかも、答申には、「犯罪の証明又は犯罪の捜査に支障が生ずるおそれ」があるときは、一覧表にその事項の記載をしなくてよいという抜け道まで用意されている。

　抜け道を許さず、さらに、一覧表だけでなくその内容を開示するよう求める必要がある。

　なお、再審における証拠開示については何も定められなかったが、改正法附則9条3項に、「政府は、この法律の公布後、必要に応じ、速やかに、再審請求審における証拠開示……等について検討を行う」と規定された。緊急に具体化しなければならない。

　証拠開示が当然の制度となっている諸外国に比べて、日本の刑事司法の後進性を示している。全面証拠開示の実現に向け、努力しなければならない。

## 3　通信傍受対象の拡大

　改正前の通信傍受法においては、通信傍受（盗聴）の対象が、薬物やけん銃等の密輸関連犯罪、集団密航、組織犯罪対策法の組織的殺人等の主に暴力団が関与する犯罪類型に限定されていた。

　ところが、改正法では、振り込め詐欺と組織窃盗、暴力団対策と称しながらも、窃盗、詐欺、恐喝、強盗、殺人、逮捕・監禁、略取・誘拐等の一般市民が関与する可能性のある広汎な犯罪類型にまで盗聴対象を拡大した。そして、組織犯罪処罰法の規定する「共同の目的を有する多数人の継続的結合体」、「指揮命令組織に基づき」、「構成員が一体として」「組織により反復して」「団体の活動（団体の意思決定に基づく行為）として」、「（犯罪）を実行するための組織により行われたとき」という、何重もの「組織犯罪」の限定がすべて取り払われている。

　わずかに、「数人の共謀」、「役割の分担」、「人の結合体」という要件があるが、2人でも「数人の共謀」となるし、複数犯であれば通常「役割の分担」があり、「人の結合体」は抽象的で、組織犯罪でなくても、複数犯なら、電話もメールも盗聴できるおそれがある。

　しかも、通信事業者職員の立会いをなくして、通信を暗号化して伝送する

方式により、全国の検察庁、警察署内部で独自に盗聴できることになる。

　捜査権力の濫用を許さないよう、第三者機関によるチェックシステムが求められる。

## 4　司法取引（捜査・公判協力型協議・合意制度）

　捜査・公判協力型協議・合意制度とは、証拠隠滅、公務執行妨害、文書偽造、汚職、詐欺恐喝等の特定犯罪の被疑者が、他人の犯罪事実（特定犯罪に限定）についての知識を有すると認められる場合、被疑者との間で、取調べや公判証言で他人の犯罪事実に関する真実の供述、証言を行うことを約束するのと引換えに、検察官が不起訴、即決裁判提起、略式命令、求刑意見の軽減の約束等を合意することを認める制度である。

　自らが有利な取り扱いを受けるために、他人にとって不利益な供述をするこのいわゆる司法取引には、罪を免れたいために、他人を引き込む供述を行い、他人を罪に陥れてしまうという危険性が内在している。裁判員・裁判官がこのような危険性を見抜けず、結果的にえん罪に加担することのないようにしなければならない。

　また、司法取引に似た制度として、証人自身の刑事事件においては証人に不利益な証拠とすることができないことにして証言を強制する刑事免責制度ができた。司法取引とは異なり、対象事件に限定はない。

## 5　改正法の評価

　改正法は、結局、従来の捜査・取調べのやり方を温存したままともいえ、逆に、「取調べの可視化で真実解明されにくくなるから」という理由で、通信傍受の対象を組織犯罪以外に拡大し、司法取引などによる供述・証言確保にまで、捜査権限を拡大するものとなった。さらに、証人の名前などが弁護人にも非公開とされる証人秘匿の制度までできた。

　改正法には、被疑者国選弁護の対象犯罪については、罪名を限定せず全勾留事件まで拡大するなど、評価できる点もあるが、総じて、「新時代」とは名ばかりで、時代遅れといわざるを得ない。

## 第3節　刑事司法改革の視点〜よりよい裁判員裁判のために

　徹底的に取調べて真相解明することがあっても、取調べを野放しにすると必ずえん罪を生むというのが歴史の教訓である。だから取調べは規制しなければならない。「10人の真犯人を逃しても、１人の無辜を出してはいけない」というのが近代刑事司法の格言である。

　ところが日本では、「１人の無辜も出したくないが、１人の真犯人も逃したくない」とされ、それが両立しないことが理解されず、事実上、「１人の真犯人も逃すまい」に収斂する。こうして、旧態依然の、自白するまで勾留して取調べる「人質司法」が続く。

　2013年５月拷問禁止委員会日本審査で、取調べに弁護人の立会いを認めないのはなぜかという多くの委員の質問に対して、日本政府は、「取調べの妨げになるから」などと弁明を繰り返し、ついに、ドマ委員（モーリシャス最高裁判事・当時）が、「弁護人の立会いが取調べに干渉するというのは説得力がない……自白に頼り過ぎている。これは中世のものだ」と断じた[5]。

　前記改正法は、この遅れた日本の実務から決別し、捜査側に不利な場合があっても全面可視化すべきであったが、現行の取調べの在り方にメスを入れることができなかった。取調べの録音・録画についての捜査側の裁量権を明確に打破することはできず、可視化が捜査を妨げる場合には可視化しなくてよいかのような「例外規定」作りを許してしまった。

　取調べの規制の具体的な方策は、弁護人の立会権（権利として確保できればよく、すべての取調べに立会う必要はない）、取調べ時間の制限、取調べの全面可視化である。これらをセットで目指すことによって実現の現実性を獲得する。

　これらは既に拷問禁止委員会から２回にわたって勧告されている[6]。2014年国際人権（自由権）規約委員会も、日本政府に対して、これらを合わせて

---

（5）「日本の刑事司法は『中世』か」（ブログ『小池振一郎の弁護士日誌』）には、１日５万2,000件のアクセスがあり、その続編「法制審素案は『中世の名残り』か」（同）には、半日で１万4,400件のアクセスがあった。

勧告し、「代用監獄を廃止するためにあらゆる手段を講じること」を求めている[7]。

取調べ時間の制限については、ドマ委員は、「2時間取調べて、休憩する。それをきちんと記録する。お茶や、昼食後、また2時間取調べて終わり。夜の取調べは絶対にダメ。1日4〜5時間の取調べで充分」と答えた。また、「代用監獄に勾留されるのは長くても4日間で充分」とも指摘した[8]。

取調べの可視化の例外を限定して取調官の裁量を許さず、取調べの全面可視化を求めること。弁護人の立会い、取調べ時間の制限を結びつけて具体的に進めること。これが刑事司法改革の視点であり、国際的な認識である。よりよい裁判員裁判のために、このことを裁判員・裁判官はよく認識して、裁判に関わってほしい。

(こいけ・しんいちろう)

---

(6) 日弁連編『改革を迫られる被拘禁者の人権　2007年拷問等禁止条約第1回政府報告書審査』(2007年、現代人文社)。
(7) 日弁連編『国際人権(自由権)規約第6回日本政府報告書審査の記録──危機に立つ日本の人権』(2016年、現代人文社)
(8) 小池振一郎「あるべき『新時代の刑事司法制度』の姿」法と民主主義2014年7月号。

# 第4章
# 裁判員制度の課題解決の立法提言

牧 野　　茂

## 1　防御権の保障

### (1)　裁判員制度に伴う課題

　裁判員裁判では、裁判員の仕事等もあり、一般的に、短期間の集中審理となる。そのため、刑事裁判は、本来は被告人のための審理・判決なのに、弁護側が十分な準備ができないまま審理に入るおそれがある。

　そこで、被告人・弁護人が十分言い尽くせ、反証できるのか、被告人の防御権の保障が新たな課題となる。

　これを補うために、検察官手持ち証拠の弁護人への事前の十分な開示が必要となる。

　また、身体を拘束されたままでは、被告人と弁護人とが公判準備を十分に行う時間が確保できないから、不必要な勾留は行わないことと、起訴後には速やかに保釈することが求められる。さらに、起訴前の保釈も実現している先進諸外国にならって制度化が検討されるべきである。

　事実を争ったり、自白していないだけで勾留を安易に認める、いわゆる人質司法から脱却すべきである。

　さらに、身体拘束中の取調べが適正になされ、冤罪の原因となってきた虚偽自白がなされないようにするため、「取調べの全過程の録音・録画」と「弁護人立会い権」が速やかに確保されるべきである。また身柄拘束場所と取り調べ場所がおなじであり取調べへの圧力の弊害が指摘され続けている代用監獄も速やかに廃止されるべきである。これらの従前から改善が指摘されているにもかかわらず手つかずの問題点は市民参加の裁判員制度導入の機会

に一挙に改善されるべき好機と捉えて改善の実現を推進すべきである。

(2) 全面証拠開示への法改正

① 現在の証拠開示の不十分性

裁判員裁判の集中審理に対応するため、弁護人への証拠開示が段階的とはいえ拡大された。しかし、最初からの開示でないため、防御の方針をたてるための資料が揃わないまま、弁護人は弁護方針の準備開始を強いられてしまう。なおかつ、開示される証拠が不十分なため、重要な証拠が隠されているか、不明のままである。

② 改 正 案

全面証拠開示とする。

少なくとも、警察での当初の捜査から検察での取り調べまですべての捜査資料のリスト一覧を、最初から、例外なく、検察官から弁護人に開示する。そのリストのなかから弁護人が要求した証拠は、段階的でなく当初から、全部開示する。こうすることによって、弁護人に有利な証拠を最初から見て、防御方針を立てることができる。

③ 提 言 理 由

旧刑事訴訟法では、証拠は裁判所が保管していて、検察官も弁護人も裁判所から証拠を閲覧・謄写していた。

戦後、刑事訴訟法改正で起訴状一本主義となり、職権主義から当事者主義になったことに伴い、証拠は捜査機関が独占することになった。

しかし、公費で収集した捜査記録は適正な刑事裁判に十分に活用されるべきであって、検察官が独占すべきではない。

検察官と弁護人で、手持ち証拠に差があるのは不公平である。

上記改正案の通りとなれば、村木さんのような証拠ねつ造事件や、多数の冤罪が判明した再審事件の悲劇は防げる。

## 2 守 秘 義 務

(1) 改正の必要性

評議の守秘義務の弊害除去の必要性については第二章で詳論したとおりである。その根本的解決はやはり守秘義務が必要性をはるかに超えて重大な弊

害を生じている点を法律改正で改正することがもっとも効果的な解決でありこのような制度上の根本欠陥を是正するためにこそ裁判員法は附則9条で3年後見直しを規定しているのである。そしてこの改正提言としてすでに日弁連の提言を紹介している。

(2) **日弁連改正提言の問題点**

日弁連の守秘義務規定の改正は罰則規定の緩和によるものであった。これに対して市民モニター活動をしている裁判員ネットから日弁連提言について意見を聴取させていただいた。このときの意見で罰則規定だけ緩和で評議の守秘義務規定の裁判員法70条には違反していると違法だが罰則は適用されないということになる。市民としては「赤信号だけど渡っても処罰はされないから平気だよ」と言われているようで違和感がある。むしろ裁判員法70条の守秘義務規定自体を緩和してしまえば違法でもなくなって解りやすく素直ではないか、とのことで参考になった。日弁連提言では裁判所法は罰則がないものの守秘義務規定はあることのバランスから改正への反撥が少ない方がよいとの判断もあって罰則緩和にとどまった。

(3) **より優れた改正案へ**

一方裁判員ネットは裁判員法70条自体を緩和する改正提言をしていてこちらのほうが優れているのでこの方向の提言とすることとした。

(4) **評議の守秘義務弊害除去の法律改正**

〈その1〉～裁判員法70条の評議の守秘義務規定の改正～

議論の自由は保障しつつ評議の内容は発言者を特定しない限り原則なんでも話せるように裁判員法70条を改正するべきである。

現行の評議の守秘義務規定（裁判員法70条1項）について

裁判員法は9条2項で守秘義務を総括的に規定していて、

　　イ　70条1項の評議の秘密

　　ロ　その他、職務上知りえた秘密

これを漏らしてはいけないとして裁判員、補充裁判員およびこれらであった者への守秘義務を定めているが中心であり且つ問題視されているのはイの評議の秘密でありそれ以外のロにあたるのは関係者のプライバシー等であり特に秘密とすることに問題も弊害もない。

## 2 守秘義務

ところで評議の秘密を定める70条1項では

　イ　評議の経過

　ロ　それぞれの裁判官、裁判員の意見

　ハ　ロの多少の数

の3点を評議の秘密として漏らしてはならない評議の守秘義務として規定している。

　評議の守秘義務規定は、評議における自由な意見表明を保障する重要な機能はありこれは守られなくてはならない。

　しかし、懲役刑まである重い罰則付き（裁判員法108条）の評議の守秘義務規定である70条1項はこのままでは重大な弊害が生じている、

　イ　市民の表現の自由を制限し

　ロ　裁判員経験者に評議の内容を話せない心理的負担を与える。

　ハ　市民の常識を生かすための司法参加の制度なのにその中核である評議における市民の新鮮な意見や議論等の貴重な裁判員の経験の共有化が妨げられる。

　　　一切次の裁判にも社会にも役立つことなく闇に消えてゆく多大な制度上の欠陥は一刻も無視できない。

　ニ　評議自体が適正に進行運営されているのか裁判官の不適切な議論の取りまとめがされているのか、どのような評議の進行が望ましいのかも一切実質的内容ある検討材料が得られない。

　そこで、評議についての守秘義務の重要な機能は確保して、あまりにも大きすぎる弊害除去を図る法律改正をすべきである。

　「改正案」　裁判員または補充裁判員であった者が評議の秘密を漏らしても、発言者が特定しない方法であれば守秘義務違反にならないように裁判員法70条を改正する。

　具体的には裁判員法70条1項の末尾に「但し、発言者を特定しない方法でなされた場合はこの限りでない」を追加する改正条文とする。

　（守秘義務規定の重要な機能である議論の自由は保障されるからである）

　前記　評議での意見、経過、多少の数も発言者が特定されない方法であれば全て話せる　例えば、

第4章　裁判員制度の課題解決の立法提言

判決は殺意ありだが違う意見もあった。〇

最初殺意ありが多数だったが殺意無しになった。〇

殺意ありとなしは7対2だった。〇

付随的改正案　70条の2を新設し、「一定の調査機関（政府、最高裁判所、日本弁護士連合会が設置したもの）の調査に応じる場合には裁判員法70条1項の規定も全て適用除外とする（経験の共有化の要請と弊害ない手法であるので守秘義務規定の適用を除外とした）」

〈その2〉〜中立的第三者検証機関の設置と活用〜

中立的第三者検証機関を設置し、そこには守秘義務解除して評議を全て開示でき、その構成員は守秘義務を負い、且つ結果も個人名、事件名は開示しないまま社会に公表して裁判員の市民常識による評議の議論の情報の共有化を実現する。

これは評議のブラックボックスを防ぎ主として市民の司法参加の常識に基づく意見等の共有化が目的の中心である。

中立的第三者検証機関を設置し（例えば、法曹三者、有識者、市民が構成員）その構成員には裁判員の守秘義務を全面解除し、評議の内容を検証できることとする。ただし構成員は守秘義務を負い、検証結果も具体的個人名事件名は言えずに結果だけ公表して有益な活用をする。今回の改正案その1の守秘義務軽減改正立法案も前記の通りこの検証機関（調査機関）が評議を検証するための全面的な守秘義務解除等も規定する。日弁連の提言でもこの検証機関の設置提言をしていてここでも維持したい。

模擬裁判の時は評議をモニタリングできて、評議に現れた市民の意見を評議の改善や、制度運用の改善に役立てていたが、現状のブラックボックスの弊害の大きさ除去の必要性を痛感して提言へと至った。なお、最後に評議のブラックボックス化によって重大な弊害が生じることを痛感し、上記評議の守秘義務改善の立法提言、運用面の改善を行ってきたことの実例として筆者が体験した模擬評議における評議のモニタリングと実施後のブラックボックスとの対比を述べておきたい。

模擬裁判は実験的に実施され課題点を施行前に直しておこうという意図で実施された。そのため評議もモニタリングされて別室で法曹三者やメディア

も見ることができた。

　その結果、評議での課題や模擬裁判員の市民感覚に基づく意見も検討され、実際の制度の改善に生かされていった。例えば評議の進行に関していうと、3人の裁判官が並んでいると圧迫感があるとして裁判員のなかにばらばらで入るように改善された。

　ある評議で裁判長が特定の裁判員を説得していたのが批判され、改善され、また弁護人が被告人に有利な情状として「まだ若く将来があるし、前科もないので有利に」と主張していた点について模擬裁判員から「若いからなぜ有利になるのか。老人の方がかわいそうだし、前科が無いのなんかあたりまえで有利な事情にならない」との意見があり法曹三者では当然有利情状とされていた事情が市民には通用しない、説得できる理由が必要であるとの反省材料となった。

　また殺人か傷害致死かで殺意の有無が争点の事件で殺してやろうとの明確な意味での殺意はないものの腹にナイフが刺さり動機は弱かった事案で、評議の最初では裁判員の意見が割れていた。裁判所により評議が進行し「死ぬ可能性が高い行為をすることは分かっていたとして殺意ありとの結論になろうとしたところ、模擬裁判員から「素朴な意味の殺意とはずれた判断ではないか、素朴に殺してやるという場合は殺人罪、殺意無いことが明確な場合は傷害致死罪、本件の様に死ぬ危険性のある行為があったが殺してやろうとまでは断定できない場合は例えば重傷害致死罪のような中間刑を設置した方が良いのでは無いか」との専門家も思いつかない市民のアイデアに感銘を受けたこともあった。

　現状、評議はブラックボックスになり、貴重な市民の常識に基づく意見や議論が闇に消えてゆき、どんな議論が裁判官と裁判員でなされたかも伝わらないため次の裁判員にも参考資料が残らない事態となっている。

　守秘義務軽減立法や評議に踏み込める第三者検証機関設置が実現していれば、今回の3年後見直しの貴重な資料も得られていたはずでそのため早期に日弁連提言としていたのに残念である。毎日貴重な評議の情報が消えてゆくのである。今からでも一日も早い改正実現が望まれる。

　なおこの第3者検証機関設置の提言については

イ　設置場所はどこにするか

ロ　検証方法は具体的にどうするか。モニタリングするのか録画するのかアンケートにするのか

ハ　構成員はどのように選任すべきなのか

ニ　得られた検証結果をどのように役立つ情報として検討公表すべきなのかなど立法化するためには具体的に細目を詰める必要があり、筆者個人の現在の案としては法曹三者から独立した内閣のもとに司法制度改革審議会の時のように設置し、構成員は法曹三者と有識者と市民代表と裁判員経験者が適当と考える。

現実的な検証方法は評議の録音・録画がもっとも簡明だと思っている。

韓国では一時評議の録画が立法論として議論された経緯もあることも参考になると思われる。

しかし、真に具体化するためには検証機関を具体化するチーム結成が必要であり、第二東京弁護士会の裁判員センターのなかに筆者が提唱して評議具体化検証PTを設置していただき活動したが、やはり一単位会の活動の限界があってなかなか成果が上げにくい状況である。

そこで市民目線で裁判員経験者ネットワークや他の市民団体と協力研究者やメディアで関心のある方等で市民組織として評議検証具体化委員会を設置する方法が良いと考えている。

## 3　死刑事件

### (1)　死刑事件を対象事件とすべきか

死刑求刑が予想される事件について、極刑の量刑判断を一般市民にさせることは負担が重すぎるから裁判員裁判の対象から除外すべきではないか、との議論がある。

他方で、死刑のような極刑こそ、主権者である市民が参加して直面することが、死刑制度の存置論・廃止論や死刑が相当であるとの量刑基準を国民的議論とすることができるとの見解がある。

そこで、評決要件を厳しくして、心理的負担もケアも充実した上で、やはり対象事件に残すべきではないか、と考える。

(2) **評決要件を単純多数決より厳重に**

　死刑か否かを分ける判断基準が曖昧で、判断基準を定めたといわれる永山最高裁判例も、実際には曖昧である。

　死刑判決の場合は、単純多数決ではなく、全員一致か絶対多数決（4分の3か、3分の2の絶対多数）で評決すべきである。

　なぜなら、生命を奪う究極の刑罰であるから、とりわけ慎重な審理が必要であり、誤判の場合には執行されれば取り返しがつかない。米国では、死刑事件の場合には、スーパーデュープロセスが求められている。

　また、裁判官、裁判員の心理的負担にも配慮すべきであろう。特に守秘義務規定の緩和がなされないままである場合、極度の心理的負担となるケースが想定される。

　以上は、裁判員裁判だけでなく、職業裁判官だけの事件でも、死刑判決は裁判所法を改正して、全員一致とかにすべきではないかとの議論に重なる。

　再審開始決定となった袴田事件では、1審の死刑判決を起案した元裁判官が、本人は無罪と思ったが、3人の裁判官の合議で多数決で押し切られた苦悩を語っている。多数決で死刑判決を言渡した裁判員裁判の裁判体で、少数派の裁判員も同じ重い心理的負担を背負うであろう。

## 4　事実認定の審理と量刑手続との二分論

　日本の場合、有罪か無罪かと、有罪であった場合の量刑も、同時に審理される。前科、余罪、被害感情、被告人の悪性格も、有罪かどうかの審理と平行して審理される。そのため、量刑のための証拠から、犯人であり、有罪だろうとの心証を得てしまう危険がある。前科や余罪があるからとか、被告人の生活歴の悪さ等から、今回も犯行したかも知れないと推定されるのである。

　有罪かどうかを、そのことだけの証拠から判断する場合に比べて、事実認定に雑音が入り、予断をいだかせる点から、事実認定の純粋性が確保されない危険がある。

　他方で、無罪を主張している弁護側は、仮に有罪となった場合には主張・立証したい被告人に有利な事情、反省や更生への道筋等をためらってしまい

がちである。反省等の主張・立証をすると、有罪を認めることにとられがちなので、無罪主張だけに絞らざるをえないからである。

そこで、有罪かどうかを先に審理して、有罪と判断された後に、有罪の場合の情状立証をはじめて行うという手続2分論が出てくるのである。

大阪地裁の杉田宗久判事が運用面で一部実施してきたことは有名であり、それなりの有用性も評価されているが、根本的に実効性を確保するためには、有罪か無罪かの中間判決が出せるように法改正すべきである。

アメリカの陪審員制度では、12人の陪審員が有罪か無罪かだけを評決し、無罪ならそこで放免され、有罪となった場合には職業裁判官が量刑を判断する（但し、死刑判決については、陪審員が量刑も判断する）。

## 5 裁判員裁判の対象事件

現在は、一定の重大な刑事事件についてだけ裁判員裁判の対象とされ、裁判員裁判にするか職業裁判官だけの裁判にするかについて被告人に選択権を認めていない。

この点については、現状の対象事件はそのままとして、否認事件で、かつ被告人（弁護人）が裁判員裁判を選択するケースを追加する法改正を提案する。

例えば、今まで軽微な事件として裁判員裁判とされなかった痴漢冤罪事件も、市民の参加する裁判員裁判で白黒をつけられるようにする。

すべての事件の被告人に選択権を与える案については、現在一定の重大事件の全事件について裁判員裁判が市民の司法参加として機能し功績をあげているのに、件数が減少してしまう恐れがある。

現状の対象事件はそのまま維持しつつ、否認事件について選択的に追加を認める案が適切な改善案と思われる。

逆に、現在の対象から除外の議論もある。性犯罪事件は被害者のプライバシー保護のため、覚醒剤密輸事件は多数になり過ぎるわりに市民の常識が役立つかの疑問があるため、通貨偽造事件は市民になじみが少なく市民の常識が役立つかの疑問があるため、少年逆送事件は少年事件の特質、少年保護の要請、家裁の判断に戻す要件の理解困難性のため、除外した方がいいという

議論である。

しかし、これらの理由が市民参加の意義を否定するまでには至らず、除外すべきではないと考える。

## 6 裁判員裁判と上訴審の関係

### (1) 裁判員裁判での無罪判決が高裁で逆転有罪とされる問題

最高裁は、公判整理手続で十分争点を整理して、市民参加で集中審理して公判中心主義で充実した刑事裁判を予定している裁判員裁判の判決は、高裁でも原則尊重されるべきであるとの見解を公表していた。

ところが、第1章3(1)で紹介したチョコレート缶事件では、1審の裁判員裁判が無罪とした判決に検察官が控訴し、東京高裁は逆転の有罪判決を出し、裁判員裁判の存在意義にまで及ぶ議論を呼んだ。

この上告審で最高裁は、高裁判決を破棄し、1審の裁判員裁判判決を維持した。「刑訴法は控訴審の性格を原則として事後審としており、控訴審は、第1審と同じ立場で事件そのものを審理するのでなく、当事者の訴訟活動を基礎として形成された第1審判決を対象に、これに事後的な審査を加えるものである。第1審において、直接主義、口頭主義が採られ、争点に関する証人を直接調べ、その際の証言態度等も踏まえて供述の信用性が判断され、それらを総合して事実認定が行われることが予定されていることに鑑みると、控訴審における事実誤認の審査は第1審が行った証拠の信用性評価や証拠の総合判断が論理則、経験則等に照らして不合理であることをいうものと解するのが相当であり、第1審判決の事実認定が論理則、経験則違反であることを具体的に示すことが必要というべきであり、このことは、裁判員制度導入を契機として、第1審において直接主義・口頭主義が徹底された状況においては、より強く妥当する」との判決を出した。

ところがその後も、覚醒剤密輸入事件について、覚醒剤であることを知っていたことについて証拠不十分で無罪とする裁判員裁判が続いたことに対して、論理則、経験則違反があるとの理由で破棄有罪としたり差戻したりする事案が相次いだ。

最高裁でも、高裁の逆転有罪判決を、論理則・経験則違反であることを具

## 第4章 裁判員制度の課題解決の立法提言

体的に示しているとして認容し、1審の裁判員裁判の無罪判決を否定する判決が現れ（メキシコ発渡航事件最高裁平成25年4月16日第三小法廷決定[1]やベナン発渡航者事件最高裁平成25年10月21日第一小法廷決定[2]）、議論は混迷している。この点では、もはや高裁での逆転有罪を判決レベルでは防げない懸念があり、立法的解決が望まれる。

### (2) 立法提言──裁判員裁判で無罪とされた事件についての検察官控訴の禁止──

刑事訴訟法を改正して、一審の裁判員裁判で無罪とされた事件については検察官が事実誤認を理由として控訴することを禁止すべきである。

裁判員裁判で無罪推定の原則に基づきしかも口頭主義、直接主義で審理をした結果の無罪判決を、検察官の控訴により書面審理で職業裁判官三名だけの審理で逆転有罪にする覚せい剤密輸事件が最近増加しているのは、おそらく刑事政策的に水際作戦で覚せい剤の輸入を防ぎたいことと、大元の密輸組織が国外であるため有罪の証拠収集が困難であり、ある程度の立証で経験則に名を借りて有罪とする意図が高裁にあるのであろう。

しかし、無罪推定の原則に立証の困難さや刑事政策をいれることは本末転倒である。以下、提言理由を述べる。

#### ① 1審無罪判決に対する検察官控訴の弊害

2012年11月7日ゴビンダさんに再審無罪判決が言渡された東電OL殺人事件では、2000年4月14日に第1審の東京地裁で無罪判決が言渡された時点で刑事手続から解放されるべきであった。検察官控訴が禁止されていればその後の12年に及ぶ人権侵害の身体拘束は防げたのである。

名張毒ぶどう酒殺人事件では、奥西勝さんが1964年12月23日津地方裁判所で無罪判決を受けたものの、検察官控訴で名古屋高裁で死刑判決を受け、1972年に刑が確定した。数次にわたって無罪を求めて再審請求がなされ、1審無罪判決から50年以上も経過して、再審手続中の2015年10月4日に死亡した。

---

(1) 最（三小）決平成25・4・16刑集67巻4号549頁、判時2192号140頁。
(2) 最（一小）決平成25・10・11刑集 第67巻7号755頁、判時2210号125頁。

これまでも弘前事件、甲山事件等、1審無罪を覆した上級審判決を是正させるために長い時間と多大な労力を費やす事件がたびたび発生しており、無罪判決に対する検察官控訴の非人道性は筆舌に尽くしがたい。

「10人の真犯人を逃がしても1人の無辜（無罪）を処罰してはならない」という刑事手続の大原則から言っても、検察官控訴の弊害は明らかである。

② **無罪推定の原則と1審が口頭主義、直接主義で無罪なのに書面審理で逆転有罪とすることの著しい不正義**

裁判員裁判の1審で無罪判決があったということは、少なくとも有罪とするには合理的疑いがあったということであり、高裁が逆転有罪判決するということは合理的疑いがないことの証明をあらたにすることになる。判決で有罪について合理的疑いが一度指摘されて無罪となった以上、無罪推定の原則からも高裁で逆転有罪を下すべきではない。裁判員裁判が口頭主義、直接主義に基づき、証人尋問も、被告人質問も、裁判員、裁判官の目の前で実施され、証言の際の表情の動きまで注視できたうえでの無罪判決であったのに対して、高裁では書面審理に過ぎず、刑事裁判の審理として実態に迫ることが困難である。それなのに、高裁の有罪の疑いに関する判断の方が正義にかなっているという保障はない。むしろ高裁は実態から遠い審理に過ぎない。

③ **憲法39条の二重の危険の法理**

憲法39条は、アメリカの二重の危険の英文の翻訳である。アメリカでは1審で無罪判決があると控訴はできず、無罪放免される。二重の危険の法理とされる。被告人とされたものは、政府から一度だけ訴追される危険にさらされるが、一度の審理で検察が有罪としない限り、無罪放免される。被告人としての長期の身体拘束自体が政府の圧政とする手続的正義の観点の規定である。

日本の刑事訴訟法は、最初フランスの陪審制度の法律、続いてドイツの職権的で実体的真実を重視する刑事訴訟になり、戦後、アメリカの刑事手続が導入された。ところが古い昭和25年の最高裁判決で、量刑不当を争った事案で検察官控訴は憲法39条に違反しないとして、3審制がある日本では確定するまで危険は継続し無罪放免は許されないとするとする危険継続説に立った。しかし3審制は憲法上の要請ではない。日本はドイツ法とアメリカ法が

混在していて、検察官控訴は憲法39条違反とする立場が有力説である。

　裁判員裁判導入による一審の充実という立法事実の変化から、二重の危険の法理による検察官控訴禁止、もしくは二重の危険の法理の趣旨に沿った望ましい立法としての検察官控訴禁止の立法事実が登場した。

　裁判員裁判になってからは、1審に市民が参加し、裁判官3名裁判員6名の裁判体で、しかも本来の審理形態とされる口頭主義・直接主義にもとづく審理がなされている。従って、政府からは一度の審理のみという手続的正義の理念の二重の危険の法理は、裁判員裁判でその1審が充実した審理となっていることによって、立法事実が補充されるのである。

### ④　立法で控訴を禁止することがより強く要請される理由

　チョコレート缶事件では、最高裁は、原則的に裁判員裁判は尊重されるべきとした。この段階では1審無罪の裁判員裁判は単なる事実誤認では上訴審で破棄されず、論理則・経験則違反が具体的に指摘できない以上尊重されるとの期待が広がった。

　ところがその後、事実誤認が論理則・経験則違反であると具体的に説明したとして、裁判員裁判での無罪判決を破棄有罪とした高裁判決を支持する最高裁判決が続くようになった。メキシコ発渡航事件最高裁平成25年4月16日決定は、1審が故意はあるが共謀はあるとはいえないとした点を経験則違反とした。また、ベナン発渡航事件最高裁平成25年10月21日決定は、「回収に関する経験則」に違反しているとして、裁判員裁判を破棄した高裁の有罪判決を支持した。

　しかし、経験則違反といっても科学法則のように一義的ではなく、職業裁判官の経験則が裁判員や国民の経験則より優れて正しいとの保証はなく、経験則に名を借りた高裁の自由な心証形成から裁判員裁判の無罪の事実認定を破棄する懸念は消えない。

　ベナン発渡航事件は、成田空港で被告人の持ち込んだスーツケースから覚せい剤が見つかった事案であるが、第1審の裁判員裁判は「密輸組織は目的地到達後に運搬者から覚せい剤を回収するために必要な回収措置はあらかじめ講じているはずであるが、そのような措置としては様々なものがあるから、被告人がスーツケースを自己の手荷物として持ち込んだという事実か

ら、通常その中身を知っていると推認することはできないと」として無罪とした。

これに対して、控訴審は「回収措置に関する経験則」があるとして、「特別の事情がない限り、運搬者は、密輸組織の関係者等から、回収方法について必要な指示を受けたうえ、覚せい剤が入った荷物の運搬の委託を受けていたもの」として有罪とした。

最高裁も同じく「回収措置に関する経験則」を前提に高裁判決を支持したが、密輸組織がどのような方法でこのスーツケースを回収する予定であったかは不明のままであった。

ただ密輸組織は運搬者が逮捕されても全貌が発覚するのを恐れて、一般の旅行者などを情を知らない運び屋（ブラインド・ミュール）として使う事例も多いとされ、このブラインド・ミュールであることを主張立証して無罪判決となった地裁判決もある。

従って、回収措置の経験則が一般的なのか、情を知らせない運び屋が一般的なのか、そもそも議論がありうるところである。

上級審に裁判員裁判の無罪判決の事実認定を尊重することは必ずしも期待できず、立法によって、裁判員裁判での無罪判決には検察官は事実誤認を理由に（論理則・経験則違反に名を借りた場合を含めて）控訴することを禁止する立法が望まれるのである。

## 7　おわりに──裁判員制度開始から7年を経ての評価・課題と今後の展望──

市民が刑事裁判の審理と判決に関与するという裁判員制度が開始してから7年余り経過した。当初の戸惑いの時期を過ぎて、この新制度がどのようにスタートして、どのような成果と課題を持ち、これからの展望はどうかをこの時点で立ち止まって多様な視点から検討する時期が来ていると思われた。

本書を共同執筆したのは裁判員制度のこれまでと今後の展望を裁判員の視点、裁判員のこころのケア活動を通じた市民運動の視点、弁護人として実感してきた視点、法曹界や広く社会全体から指摘されている諸点等から多様な観点から検証してみようとの試みからであった。

共同執筆者の多数は裁判員経験者ネットワークという裁判員経験者の交流

第4章　裁判員制度の課題解決の立法提言

会を主催している。

　最初に市民の司法参加の主役となった裁判員経験者の生の声として紹介し、次に臨床心理士の立場から、臨床心理士で裁判員経験者ともなった体験を内面の分析を通して述べ、更に弁護人に協力して加害者の内面を刑事裁判中にカウンセリングで掘り下げて真の更生へと手助けする臨床心理士の新しい活動を報告した。

　裁判員体験がこころの負担を伴うものであること、評議の守秘義務の弊害も明らかであった。そこで、裁判員経験者ネットワークがこころのケアと貴重な体験の共有の目的で設立され多数の交流会や市民へのシンポジウム活動も行ってきた。その活動実態も報告したが、一人でも多くの市民に経験者の交流組織があるので、孤立化しないで参加していただけるきっかけになればと期待している。

　またこころの負担の実態、原因につき、明治安田こころの健康財団の助成金研究対象になったことを契機に経験者ネットワークが実施し、その分析結果と軽減策提言も述べることができた。より広範囲の調査が望まれるところである。

　次に、裁判員が関心を持っていることから実刑判決を受けた場合の刑務所内の処遇の現状と課題にも論及した。

　更に、刑事裁判手続が改善されたと一般的に評価されている点を紹介し、次に課題といわれている諸点を検討した。そして、課題解決への日弁連提言を紹介しそれが法務省検討会で完全に無視されてしまったことや、日弁連提言をめぐっての東京三弁護士会主催のシンポジウムの内容を紹介し、裁判員経験者や有識者や研究者が日弁連提言の課題解決に共感していることも紹介した。

　そのうえで、制度の課題の運用面の解決運動を紹介し、最後に根本的課題解決に向けての改善立法提言を紹介してきた。

　ここまでの検討をまとめてみると、市民参加の裁判員制度は7年を経てそれなりに順調に定着しているといえる。

　他方で、課題も一層明白になっているが、この制度が刑事裁判を市民のものとして活性化させ様々な改善ももたらしていること、裁判員経験により主

## 7 おわりに——裁判員制度開始から7年を経ての評価・課題と今後の展望——

権者としての市民の意識が文化として定着しつつあることは我々に課題を乗り越える明るい展望を与えている。

この裁判員制度をきっかけとして、市民の声を背景にして大胆に解決する好機と捉えるべきであろう。

課題解決も、市民が参加する制度なのであるから市民制度改革委員会的な観点が必要である。

すなはち、裁判員経験者、市民、有識者、メディア、弁護士会、制度改善に理解のある法曹各位、研究者が一体となって法務省任せだけでない抜本的な立法解決や運用面の改善が望まれる。

(まきの・しげる)

## 執筆者紹介

**大城　聡**（おおしろ・さとる）
　　弁護士
　　裁判員経験者ネットワーク代表世話人
　　一般社団法人裁判員ネット代表理事

**坂上　暢幸**（さかがみ・のぶゆき）
　　一般社団法人裁判員ネット理事

**西村　寛子**（にしむら・ひろこ）
　　臨床心理士
　　NPO法人朝日カウンセリング研究会
　　山王教育研究所

**濱田　華子**（はまだ・はなこ）
　　臨床心理士
　　NPO法人朝日カウンセリング研究会

**堀内　美穂**（ほりうち・みほ）
　　臨床心理士

　　　　　　　　　　　　　　　　　　（五十音順）

## 編著者紹介

**濱田　邦夫**（はまだ・くにお）
　1960年　東京大学法学部卒業
　1966年　米国ハーバード大学ロー・スクール大学院修了（LL.M.）
　2001年〜2006年　最高裁判所判事
　現　在　弁護士（第二東京弁護士会〈日比谷パーク法律事務所〉）
　　　　　裁判員経験者ネットワーク代表世話人

**小池振一郎**（こいけ・しんいちろう）
　1972年　東京大学法学部卒業
　現　在　弁護士（第二東京弁護士会〈ウェール法律事務所〉）
　　　　　日本弁護士連合会刑事拘禁制度改革実現本部副本部長
　　　　　　　　　　　　　　　　　　　　　　（元事務局長）

**牧野　茂**（まきの・しげる）
　1973年　慶應義塾大学法学部卒業
　現　在　弁護士（第二東京弁護士会〈フェアネス法律事務所〉）
　　　　　日本弁護士連合会刑事弁護センター幹事
　　　　　裁判員経験者ネットワーク代表世話人

## 裁判員裁判のいま
──市民参加の裁判員制度7年経過の検証──

2017年5月21日　初版第1刷発行

編著者　　濱　田　邦　夫
　　　　　小　池　振一郎
　　　　　牧　野　　　茂

発行者　　阿　部　成　一

〒162-0041　東京都新宿区早稲田鶴巻町514番地
発行所　株式会社　成文堂
電話 03(3203)9201(代)　Fax 03(3203)9206
http://www.seibundoh.co.jp

製版・印刷・製本　恵友印刷
©2017　K.Hamada, S.Koike, S.Makino　　Printed in Japan　検印省略
☆乱丁・落丁本はおとりかえいたします☆
ISBN978-4-7923-5208-0　C3032

定価（本体2,500円＋税）